UNE AFFAIRE DE FAMILLE

ALEXANDRE ADLER

UNE AFFAIRE DE FAMILLE

Jean XXIII, les juifs et les chrétiens

LES ÉDITIONS DU CERF
www.editionsducerf.fr
PARIS

Imprimé en France

www.editionsducerf.fr
24, rue des Tanneries
75013 Paris

ISBN 978-2-204-10209-4

LA CHRONIQUE FAMILIALE

Paris 1958
Alexandre le parieur

Je n'avais que huit ans lorsque Angelo Roncalli, le futur Jean XXIII, entra dans ma vie et que j'appris à le connaître selon un mouvement d'affection qui ne devait plus se démentir. Cette première rencontre prit le tour d'un incident si étrange que le souvenir en est demeuré dans les annales familiales au chapitre de ce dicton d'inspiration évangélique mais aussi talmudique, parce que d'origine biblique, selon lequel « la vérité sort de la bouche des enfants ».

Chaque soir, mes parents rapportaient à la maison *France-Soir*, un journal écrit en gros caractères, bardé de titres et de photographies que Pierre Lazareff, son fondateur, issu de la Résistance, avait précisément conçu en vue de l'édification du plus large public, de ces audiences populaires qu'allaient bientôt capter les radios périphériques, puis la télévision et que l'on retrouve aujourd'hui sur Internet. À l'époque, cependant, tout le monde aimait lire et presque tout le monde lisait *France-Soir*. Jour après jour, l'enfant que j'étais se plongeait ainsi avec délices dans ce quotidien grand format où venait s'inscrire l'actualité commentée par Joseph Kessel, Lucien Bodard ou le jeune Philippe Labro, et qui maculait les doigts de l'encre à peine séchée des rotatives où il était imprimé à plus d'un million et demi d'exemplaires.

Cette année 1958, alors que la Guerre froide cédait peu à peu devant la nécessité de la coexistence pacifique, Paris, à peine sortie de la cuisante défaite d'Indochine, affrontait le tourbillon algérien. En quelques mois s'étaient succédé le retour au pouvoir de Charles de Gaulle, le putsch des généraux et l'adoption, par voie référendaire, de la constitution de la Ve République. À l'automne, toutefois, l'opinion avait le regard tourné vers Rome et la résidence pontificale de Castel Gandolfo où, le 9 octobre, Pie XII, octogénaire, venait de décéder après un long règne de dix-neuf années qui avait enjambé le second conflit mondial. *France-Soir*, comme les autres journaux, s'interrogeait sur le futur visage que se donnerait l'Église catholique au sein d'une planète en crise.

Ce soir-là, donc, par un crépuscule pluvieux, je feuilletais mon quotidien favori dont la section internationale s'ouvrait sur les préparatifs du conclave. Une pleine page était consacrée à la présentation, photos à l'appui, des divers *papabili* dont l'envoyé spécial au Vatican dressait, pour chacun, une courte biographie tout en tâchant d'évaluer ses chances d'être élu. Parmi ces portraits, l'un d'entre eux retint immédiatement mon attention. Je courus vers mes parents, pointant du doigt la face ronde d'un cardinal dont l'évidente vieillesse n'atténuait pas la rayonnante bonhomie, et leur lançai, moins sur le ton de la prédiction savante que de la satisfaction enfantine : « C'est lui le prochain pape ! »

Il serait difficile de retranscrire l'étonnement de mes parents qui prétextèrent d'ailleurs, par la suite, que je m'étais écrié : « C'est lui, notre pape ! » Dans tous les cas, la démonstration d'un tel enthousiasme envers l'Église catholique allait à rebours du sentiment général de leur génération, celle des juifs persécutés. Ils savaient bien qu'il y avait eu des clercs pour dénoncer les déportations dont, en France, le cardinal Jules-Géraud Saliège, archevêque de Toulouse, compagnon de la Libération en qui Israël reconnaîtrait un Juste parmi les Nations ou, en Allemagne, le cardinal Clemens-August von Galen, archevêque de Münster, que Benoît XVI déclarerait Bienheureux. Cependant, ils savaient aussi que l'on ne pouvait guère considérer l'Église d'alors, prise en son ensemble, comme l'amie des juifs. Ils ne se passionnaient pas pour elle, ils la concevaient dogmatique, réactionnaire, frileuse et ne pouvaient imaginer que, sortant du long pontificat conservateur de Pie XII, elle pût aisément se réformer. Pour le dire avec les mots qu'utilisa ma mère pour doucher ma joie, il était douteux, de surcroît, que l'Église aille se jeter dans les bras d'un homme que notre famille connaissait fort bien et qui passait, non sans raison, pour un anticonformiste né.

Je venais en effet de reconnaître dans ce *papabile* tout en rondeur l'homme que ma grand-mère m'avait désigné avec insistance au détour de l'un ou l'autre cliché de l'album gardant la mémoire de ses années turques. Un homme qu'elle décrivait comme un compagnon de combat et qu'elle évoquait comme un immense ami. Je n'avais pas inventé la proximité que Angelo Roncalli, ancien délégué apostolique à Istanbul, ancien nonce à Paris, devenu patriarche de Venise, entretenait avec nous, c'est-à-dire avec notre famille et avec le monde juif. Elle préexistait à mon enthousiasme, de même qu'elle s'accomplirait bien par-delà ma prophétie aussi mineure que spontanée. Bien entendu, le gamin que j'étais n'avait pas été illuminé par l'Esprit-Saint, mais plutôt mu par l'inclination naturelle d'un enfant de huit ans à penser que le monde entier tourne autour de lui et de ses proches, le poids des années se chargeant de dissiper de pareilles illusions pourtant fécondes. Mais je n'en avais pas moins eu raison, ce coup-là, ainsi qu'ils finiraient par en convenir, contre mes parents.

J'avais gagné mon pari. Eux qui se voulaient parfaitement incrédules quant à cette éventualité, quelle ne fut pas leur surprise d'apprendre le 28 octobre que, après seulement trois jours de délibération et dix tours de scrutin, Angelo Roncalli venait d'accéder à la chaire de Pierre sous le nom de Jean XXIII ! Bientôt, la surprise se transformerait en ravissement : *il Papa buono*, le « bon pape », ne tarderait pas en effet à se révéler le Pontife de l'*aggiornamento*, de la « mise à jour », d'une ouverture à la modernité et à l'altérité dont bénéficierait aussi les juifs et qui ferait de lui, qu'ils relevassent du judaïsme ou de la judéité, l'interlocuteur d'un dialogue renouvelé.

Le pape de mes huit ans fut aussi celui de mes treize ans, de cet âge de raison que j'atteignis au moment même où Jean XXIII décéda. De 1958 à 1963, j'avais suivi, même distraitement, cette période extraordinaire qui fut celle du IIe concile du Vatican, communément nommé Vatican II. Par cet acte inaugural, parmi d'autres gestes symboliques, le nouveau pape avait fait oublier le pontificat de Pie XII, particulièrement sinistre, non pas tant en raison de son attitude pendant la guerre, à laquelle je trouve des excuses, mais à cause du repliement et du durcissement qui avaient suivi. J'étais fasciné par cet homme qui parlait avec une simplicité étudiée, qui s'adressait directement à tous de manière si inattendue et qui semblait mouvoir avec placidité les montagnes afin de réformer son Église de fond en comble. Je fus renversé par la découverte que je fis, tout juste après sa mort, en lisant l'œuvre de Jules Isaac, *Jésus et Israël*, de la volonté ardente de réhabiliter le judaïsme qu'il n'avait cessé de manifester. Ce plaidoyer en faveur de la réconciliation, Jean XXIII, après avoir rencontré Isaac, en avait fait son programme et avait commandé aux catholiques de l'appliquer universellement.

De ces cinq années fulgurantes, je tirai une sympathie et un respect profonds pour l'Église catholique qui ne m'ont plus jamais quitté. Ce furent là les impressions d'un enfant et d'un adolescent. Elles présentent sans doute un intérêt tout à fait secondaire au regard de l'histoire. Je les rappelle pour montrer comment mon intérêt pour Jean XXIII fut suscité à un âge où l'on ne saisit pas les grands enjeux, ni l'on ne se passionne pour les grands événements, à tout le moins pas encore ou pas encore suffisamment. Je ne prétends pas, du reste, en avoir eu à l'époque une compréhension supérieure, mais j'ai vu dans ce pape un annonciateur des temps nouveaux. À dire vrai, l'enfant, l'adolescent que j'étais se sentait rassuré par l'existence même de cet homme qui, certainement, éloignait les cauchemars de la Seconde Guerre mondiale et semblait à même de pouvoir conjurer les décrets du ciel. Pour moi, en fait, cet homme incarnait le Bien.

Toujours au cours de cette période, par deux fois lors des vacances d'été, je pus profiter de la compagnie de ma grand-mère qui devait elle-même décéder deux années après le pape. Elle me raconta à grands traits l'histoire de sa vie où ses relations avec cet homme, qu'elle disait être un envoyé, figuraient en bonne place. Certes, dès lors qu'il avait accédé à la tiare, elle n'avait plus eu grand accès à lui. Mais il ne faisait aucun doute pour elle que l'amitié nouée dans les heures les plus sombres de la guerre était indéfectible, de part et d'autre. Dans tout ce qu'il avait engagé au cours de son pontificat, elle ne voyait d'ailleurs que la réalisation fidèle des convictions les plus intimes qu'elle lui avait toujours connues. « Oui, me répétait Maria Bauer, ma grand-mère, entre Jean XXIII et nous, les juifs, il y va vraiment d'une affaire de famille. »

Istanbul 1939
Maria la militante

D'une épiphanie à l'autre, j'eus la surprise, quelques années plus tard, d'entendre Tamar Golan, une journaliste israélienne proche de Shimon Peres, me confirmer les confidences de ma grand-mère. « Vous ne savez probablement pas à quel point Maria Bauer fut un personnage important. Je lui ai consacré un long article dans *Haaretz* pour rappeler combien elle a agi et combien son action mériterait d'être mieux honorée. » Le récit familial, que je soupçonnais jusque-là d'avoir été quelque peu embelli, ressortait comme validé par ce témoignage extérieur que je n'attendais pas et qui, évidemment, me ravit. C'est ainsi que j'entrepris de reconstituer ce qui s'était passé. À savoir comment une femme juive et un prélat catholique avaient pu se rencontrer et s'entraider dans leur lutte commune contre la déferlante nazie sur le Sud-Est de l'Europe.

Que faisait, pour commencer, cette ashkénaze en Orient ? Mes aïeux, du côté paternel, étaient pour l'essentiel de langue et de culture germanique, devenus des citoyens allemands avec l'émancipation, et vivaient dans la région de Friedrichshafen, près du lac de Constance. Ma grand-mère, elle, était née en Russie. Maria avait quitté Perm, dans l'Oural, à l'âge de deux ou trois ans, pour suivre le mouvement général de sa branche qui, au gré des mariages, avait migré vers l'Europe centrale. Elle ne devait pas moins continuer à pratiquer un excellent russe qu'elle m'apprit, bien que l'usage que j'en ai, à mon profond regret, souffre d'imperfection. David Bauer, mon grand-père, était un ingénieur frais émoulu des écoles lorsque, à l'occasion de l'un de ses déplacements professionnels, il rencontra ma grand-mère qui était une toute jeune fille et l'épousa. Le même métier qui les avait unis provoqua leur rapide exil : en 1909, mes grands-parents eurent à gagner l'Empire ottoman où David avait été missionné pour s'occuper de la ligne de chemin de fer destinée à relier Berlin à Bagdad.

Face à la réussite française que représentait le Transsibérien en Russie, les Allemands se devaient de rivaliser en construisant le Bagdadbahn à marche forcée. La montée des hostilités avait accru cette nécessité. Mon grand-père étant un spécialiste du bois, il se vit confier l'achat de forêts entières pour fournir en traverses cet immense chantier ferroviaire courant sur plus de trois mille kilomètres. À cette occasion, il apprit le turc et acquit une profonde expérience de l'Asie mineure qu'il sillonnait à cheval, tout particulièrement son arrière-pays, l'Anatolie, dont ma grand-mère prononçait le nom comme s'il s'était agi de l'Afrique profonde.

En 1914, David Bauer fut mobilisé et affecté comme conseiller et interprète auprès de l'armée ottomane. Lorsque quelques mois plus tard, à la suite de la bataille de la Marne, la Sublime Porte entra en guerre, il fut élevé au rang d'attaché militaire et nommé traducteur de la mission allemande, laquelle ne tarda pas à prendre le pouvoir, *de facto*, sur l'état-major du Sultan, composé d'aristocrates impréparés, et concentra vite l'ensemble des décisions stratégiques. Or, dans le même temps, l'empire, vacillant, était tombé sous la coupe politique des Jeunes-Turcs, un groupe d'officiers à l'idéologie nationaliste virulente. Ce furent eux, Talaat Pacha, Enver Pacha, Djemal Pacha, qui mirent à profit le premier conflit mondial pour entreprendre l'extermination des Arméniens dont ils avaient fomenté le projet dès 1912 après les Guerres balkaniques. Ils agirent de leur propre chef et, si le génocide est indéniable, la théorie selon laquelle les hauts gradés allemands en auraient été les inspirateurs et les planificateurs ne résiste pas à l'examen. Quant à mon grand-père, ses fonctions le tinrent éloigné de ces terribles menées.

Le rôle de David Bauer était d'accompagner le général Otto Liman von Sanders, conseiller puis commandant des armées ottomanes, sur les fronts de combats dont, en 1915, les Dardanelles où se jouait le contrôle des détroits. Il participa en conséquence à la bataille de Gallipoli, en face de l'antique Troie, où les Ottomans remportèrent un succès inespéré en repoussant les forces anglo-françaises. Le Kaiser en fut si étonné qu'il se rendit en personne sur le théâtre de cet exploit pour y décorer chaque officier présent. Ce fut ainsi que Mustafa Kemal, le futur Atatürk, et David Bauer reçurent, parmi d'autres, la Croix de fer de première classe. Il était rarissime qu'une telle distinction fût accordée à un juif : un autre cas appelé à devenir célèbre fut celui du lieutenant Hugo Gutmann qui l'obtint pour lui-même mais aussi pour l'un de ses soldats qui n'était autre que Adolf Hitler. David, comme le montre une photo que j'ai retrouvée et qui a définitivement dissipé mes doutes sur cet épisode que j'ai longtemps considéré comme une pieuse légende familiale, en retira une grande fierté. Il y gagna aussi l'amitié des militaires qui allaient bâtir la Turquie moderne.

En cela, sa propre trajectoire faisait écho au destin de Liman qui était lui-même un juif d'extraction prussienne dont la famille avait été anoblie. David fut témoin de sa déception lorsque son rang de maréchal dans l'armée ottomane ne fut pas confirmé dans l'armée allemande : « Il y a une seule raison à cette injustice et tu es bien placé pour la connaître », lui confia von Sanders, plein d'amertume. Les liens entre les deux hommes n'en devinrent que plus profonds et durèrent toute la guerre. En 1918, le général fut dépêché sur le front syro-palestinien pour remplacer son homologue, Erich von Falkenhayn, vaincu par le Britannique Allenby. Du Sinaï à Damas, commença une longue retraite jusqu'à la célèbre entrevue d'Alep où Liman, qui devait rentrer en Allemagne, reçut Mustafa Kemal, devenu entretemps Pacha et désormais promu généralissime. Liman lui enjoignit de se replier sur l'Anatolie afin de stopper le démantèlement de l'Empire : « Il m'est souvent arrivé de penser, je l'avoue, que tu étais un agent à la solde des Français et, pour cette raison, je me méfiais de toi. Mais, aujourd'hui, j'oublie mes préventions. Toi seul peux sauver l'armée et, avec elle, le pays. Va à Ankara, mobilise le peuple, propage l'insurrection. » Cette conversation, que j'avais pareillement classée au rayon du folklore familial lorsqu'on me l'avait rapportée, a été depuis corroborée par les historiens.

Tout cela explique le statut quelque peu privilégié dont David Bauer put jouir au lendemain de la guerre dans une Turquie d'autant plus encline au chauvinisme qu'elle digérait mal le traumatisme des épreuves passées et la brutalité des mutations en cours. À partir des années 1920, la jeune nation se donna un visage nouveau, en rupture avec l'héritage ottoman. En une décennie trépidante, le pays abandonna la théocratie pour la laïcité, le califat pour la République, la charia pour le code civil, l'écriture arabe pour l'écriture latine et le fez pour le chapeau melon. Il se voulut une puissance occidentale, se rapprocha des États européens et alla même jusqu'à tâcher de se réconcilier avec la Grèce. Il ouvrit ses portes aux étrangers et, après l'arrivée au pouvoir de Hitler, accueillit largement les réfugiés allemands ou autrichiens, pour une grande partie des juifs mais pas seulement, qui cherchaient un havre de salut et le trouvèrent à Istanbul.

Au nom de l'expérience du feu partagée à Gallipoli, mon grand-père avait un accès facile aussi bien à Mustafa Kemal qu'à un certain nombre de hauts militaires turcs qui étaient devenus ses ministres. Lui-même ne pouvait qu'encourager cette politique d'accueil qui marqua les années

1930 au point de susciter, dans l'histoire turque, une période allemande, ou plus précisément une période judéo-allemande. Kemal lui-même concevait son action comme la poursuite du dessein de Soliman le Magnifique qui avait introduit massivement les juifs d'Espagne et du Portugal dans l'Empire afin de le doter d'une classe instruite, apte à favoriser son développement économique. Cette fois, il s'agissait de conforter l'appareil académique et administratif : on vit ainsi les juifs allemands peupler les universités comme professeurs et les ministères comme conseillers, de même qu'aujourd'hui l'afflux de jeunes mathématiciens, physiciens, biologistes russes ou ukrainiens contribue à relever le niveau scientifique de la Turquie et marque l'avènement d'une période qu'il faudrait qualifier de judéo-slave. L'ancienne Constantinople, jadis Byzance, naguère Stambul, aujourd'hui Istanbul, demeure ainsi une porte entre l'Occident et l'Orient.

Ce petit monde des réfugiés trouva évidemment une hôte empressée en la personne de Maria Bauer, trop heureuse de tenir salon et d'y recevoir ces nouveaux venus d'un calibre intellectuel supérieur à celui des sempiternels marchands de bois ou officiers d'infanterie. David était un patriote allemand incontestable. Maria, plusieurs fois exilée, avait un sentiment plus fort de son identité juive.

Déjà, elle suivait avec attention la progression de l'idée sioniste. Le milieu cosmopolite qu'elle réunissait autour d'elle ne pouvait qu'aiguiser sa conscience de la gravité des persécutions nazies. Mais ce fut la fin tragique de David qui précipita son engagement dans l'action militante.

Fin 1934, quelques mois après la Nuit des longs couteaux et quelques mois avant l'adoption des lois raciales par le Reichstag, mon grand-père se rendit à Berlin pour liquider les dernières possessions qu'y conservait notre famille, principalement sous la forme de parts entrepreneuriales. Réputé antinazi, il fut immédiatement convoqué et menacé d'être radié de la nationalité allemande. Affligé par le drame qu'il voyait se dérouler sous ses yeux et dont ses amis ou connaissances lui confirmaient l'ampleur insoupçonnée, il plongea dans la mélancolie. Ce fut à Paris où il avait voulu rendre visite à des proches qu'il mourut d'un coup, seul dans sa chambre d'hôtel, au cours d'une nuit de décembre. Il avait sans doute contracté une pleurésie, aggravée par la fatigue, qui, en l'absence d'un traitement antibiotique approprié, s'était révélée fatale. Plus sûrement, l'effondrement moral dont l'avaient submergé les signes précurseurs de l'horreur l'avait tué.

Début 1935, la vie de Maria s'annonçait donc comme celle d'une veuve encore jeune, vouée au culte du souvenir. Fut-ce parce qu'elle entendait refuser la mort de David, voire la venger bien qu'elle-même n'eût guère aimé qu'on lui prêtât un tel esprit de ressentiment ? Fut-ce parce qu'elle se sentait enfin libre d'assumer sa propre destinée en ne risquant plus de nuire à la carrière de son défunt époux ? Fut-ce parce qu'elle comprit que l'histoire s'accélérait et que l'heure condamnait quiconque s'en serait voulu un spectateur passif au statut de complice ? Quelles qu'aient été ses raisons, le fait est que ma grand-mère s'engagea alors, et sans retour, dans l'œuvre militante du sauvetage des juifs, d'abord allemands, puis autrichiens, enfin de l'ensemble de l'Europe, et qu'elle mit toute son énergie au service de cet idéal.

L'engagement de Maria Bauer prit un tour institutionnel avec son élection dans la direction de la section turque de la Wizo, la Women International Zionist Organization, ce qui lui permit de mobiliser les dames de la bourgeoisie au sein de la communauté d'Istanbul. Mais il revêtit aussi une dimension clandestine. Car son activisme avait attiré l'attention de l'Agence juive, matrice de l'État d'Israël, et de son délégué sur place, Chaïm Barlas, qui avait la charge de structurer les réseaux de passeurs. Le nom de ce héros participe à plus d'un titre de cette histoire de famille puisqu'il n'a pas fait qu'enchanter mon adolescence. Je l'ai retrouvé de façon surprenante dans les mémoires de Joseph Minc, le père d'Alain Minc, cet autre héros mais cette fois de la Résistance, que j'ai accompagné dans les toutes dernières années de sa vie. J'ai ainsi appris que Chaïm Barlas était son oncle, et j'ai eu le plaisir, lors du centième anniversaire de Joseph, de rencontrer les descendants de cette grande figure du sionisme venus à Paris au grand complet pour le fêter. Preuve que le monde est petit ; signe surtout que cette histoire familiale, comme tant d'autres, rend familière l'histoire du monde.

Homme d'intelligence et de décision, Chaïm Barlas devint vite le complice indéfectible de Maria. Elle s'imposa tout aussi rapidement à lui comme indispensable à la réussite de sa mission. Barlas n'avait pas les clefs pour ouvrir les portes des ministères turcs, pour s'entretenir avec les successeurs de Mustafa Kemal, pour faire pression sur Ankara afin d'obtenir son aide. Ma grand-mère, oui. Et ce, d'autant plus que le délégué apostolique à Istanbul, avec lequel elle était entrée en contact, manifestait les mêmes dispositions et les mêmes difficultés. Dès lors, Maria, Chaïm et ce *Monsignore* nommé Angelo Roncalli allaient former une équipe inséparable, concentrée sur un seul objectif : faire en sorte que le plus grand nombre possible de juifs échappe aux mâchoires qui se refermaient sur eux.

Les Balkans 1943
Angelo le visionnaire

Arrivé en 1935 à Istanbul comme délégué apostolique pour la Turquie et la Grèce après avoir exercé la même charge en Bulgarie pendant une dizaine d'années, Monseigneur Angelo Roncalli, qui venait de recevoir le titre honorifique d'archevêque de Mesembria, manifesta vite les deux qualités essentielles qui avaient déjà fait sa réputation dans la grande administration vaticane. La première tenait au fait qu'il était un diplomate hors pair et que, sous ses airs naïfs de paysan italien, il cachait une rare intelligence des situations, voire une sage rouerie. La seconde était qu'une vraie douceur l'animait et qu'il respirait en quelque sorte ce profond amour de l'humanité dont témoigne inlassablement son journal intime. Il illustrait à la perfection, selon la formule de ma grand-mère que je reprends ici à mon compte, l'idéal évangélique qui commande d'être « rusé comme le serpent et candide comme la colombe ». En d'autres termes, chez lui, le devoir de vérité et le devoir de justice devaient ordonner le devoir de charité. Il n'y avait pas lieu d'opposer le souci des réalités politiques et la disposition aux engagements humanitaires.

Qui aurait pu deviner, cependant, que cet homme, âgé de cinquante-quatre ans lorsqu'il débarqua sur la Corne d'Or, allait se mobiliser, comme peu de prélats de son rang le feraient, pour sauver le plus grand nombre possible d'enfants, d'adolescents et d'adultes juifs venus de toute l'Europe du sud-est pour trouver en Istanbul un sas de décompression et une porte d'accès à diverses destinations de salut, dont celle de la Palestine mandataire ? Au moment même où commencerait la Solution finale, Roncalli allait rassembler trois séquences fondamentales de sa carrière afin de créer une situation paradoxalement favorable à son action : d'une part, la concorde avec la nation et l'Église bulgares ; d'autre part, l'entente avec l'État turc ; enfin, la connivence avec les organisations juives. Par-là, il se forgeait un authentique destin sur la genèse duquel je ne manquerai pas de revenir un peu plus loin afin de tâcher, un tant soit peu, d'en élucider les lignes de force. Mais, pour l'heure, tenons-nous à la chronique familiale.

Le double talent diplomatique et humain qui était le sien, Roncalli l'avait en effet prouvé à Sofia où il avait su traiter l'épineux problème interconfessionnel qu'avait causé le mariage entre le tsar Boris III, souverain pieusement orthodoxe comme l'écrasante majorité de ses sujets, et Jeanne de Savoie, la fille du très catholique roi d'Italie, Victor-Emmanuel III. Il y avait gagné l'amitié de Boris et une forme de reconnaissance pour la petite minorité de rite uniate qui avait été jusque-là considérée comme un corps étranger à la Bulgarie. Or, en cette année 1935, un scénario analogue se présentait à lui en Turquie. Ce serait peu dire que l'envoyé de Rome n'était pas attendu avec des fleurs par les autorités d'Ankara qui avaient mis au pas l'islam et laminé les christianismes orientaux. Son arrivée coïncidait avec l'apogée de l'épopée révolutionnaire. Mustafa Kemal était déjà fortement affaibli, mais pas encore mort, et le régime fermement installé sur des succès incontestables. Représenter le Vatican, c'était s'exposer non pas à la suspicion, qui allait de soi, mais à la rétorsion. Or, l'*exactus* de Roncalli devait cette fois encore triompher des vents contraires. Au lieu d'affronter bille en tête le nouvel État dont la flamboyante laïcité redoublait le nationalisme ombrageux, il apprit vite à donner satisfaction sur ces questions de principe et à esquiver les affrontements inutiles.

Il ne put que mieux en maintenir les droits de l'infime communauté catholique qui comprenait d'antiques familles levantines venues de Chypre, de Gênes, de Marseille deux ou trois siècles auparavant et auxquelles s'étaient agrégés quelques convertis récents, dont les aïeux d'Édouard Balladur. Roncalli réussit cet audacieux pari car il ne chercha pas, vingt ans après l'accession de la Turquie à l'indépendance, à refaire de son Église le fer de lance de l'influence des puissances européennes, ce qui fut malheureusement le cas à la même époque en Chine. Afin de jouer pleinement son rôle, il préféra au contraire se fondre dans cet Orient rendu d'autant plus compliqué que, sur fond des coupoles de Sainte-Sophie et des minarets de la Mosquée bleue, le port de la soutane pour les prêtres, du turban pour les oulémas, du voile pour les femmes, de même que le confessionnalisme des écoles et l'appel du muezzin à la prière y avaient été interdits.

Le premier chantier turc du délégué apostolique n'allait toutefois pas être d'ordre interreligieux mais œcuménique. Il serait malvenu d'y voir une priorité tant les deux questions, et sur cela aussi je reviendrai, étaient pour lui parfaitement liées. À l'automne 1940, les Italiens puis les Allemands entamèrent une véritable guerre de conquête en Grèce qui éprouva les populations civiles jusqu'à les condamner à la famine. Roncalli décida de mener une action humanitaire afin de les secourir. Avec son savoir diplomatique exceptionnel, il sut convaincre les Turcs de ne pas rester insensibles au désastre qui menaçait les Grecs. C'était une gageure. Deux décennies plus tôt, les échanges de populations entre les deux nations qu'avait entérinés la Société des Nations avaient mis un terme au cycle des guerres gréco-turques entamé en 1821, mais avaient accru le sentiment d'hostilité entre les deux peuples. Avec le traité de Lausanne, le patriarche de Constantinople, le primat spirituel de l'orthodoxie et traditionnellement le gardien de l'hellénisme, avait perdu toute juridiction sur les territoires grecs et s'était vu réduit au statut de simple citoyen turc. Dans ce contexte, la visite au Phanar, le siège patriarcal à Istanbul, d'une délégation d'évêques de l'Église d'Hellade représentait donc un acte radicalement neuf. Grâce à l'action de Angelo Roncalli, les autorités kémalistes s'étaient laissé convaincre d'autoriser une collecte au profit de leurs anciens ennemis affamés, dans ce qu'il restait de paroisses orthodoxes au sein de la jeune république.

Cette attention fraternelle envers le monde orthodoxe préfigurait celle envers le peuple juif. Dès les premières nouvelles des persécutions, c'est-à-dire dans le courant de l'année 1940-1941, alors que l'emprise nazie s'étendait à l'ensemble des Balkans sous la forme d'une occupation directe en Grèce et dans l'ancienne Yougoslavie ou indirecte en Bulgarie et en Roumanie, Roncalli mobilisa toutes ses énergies pour venir au secours des juifs en difficulté afin de faciliter l'évacuation du plus grand nombre possible d'entre eux. Dans les années 1942-1943, il consacra l'essentiel de son temps à cette mission qu'il s'était attribuée de son propre chef et au cours de laquelle il bénéficia de l'appui constant de Chaïm Barlas et de ma chère grand-mère, mais aussi d'aides beaucoup plus puissantes puisqu'il avait gardé d'excellents rapports avec le tsar Boris ainsi qu'avec l'Église orthodoxe bulgare qui, du reste, s'opposa à la persécution.

Proche de l'Allemagne tout en se déclarant neutre, Boris III s'arrangeait, malgré les pressions, pour ne pas comprendre ce que Hitler attendait de lui. Louvoyant entre législation restrictive et inertie dilatoire, il put éviter ainsi le pire dans ses frontières historiques alors que, dans les territoires annexés de la Thrace et de la Macédoine, le programme nazi prévalut. En 1943, Berlin finit par mandater à Sofia le SS Theodor Dannecker, l'adjoint autrichien de Adolf Eichmann, tout droit arrivé de Paris, pour procéder à un plan de déportation massive. Alerté, le délégué apostolique à Istanbul écrivit au monarque pour l'enjoindre de ne pas céder tandis que, sur place, le primat orthodoxe prenait la tête du mouvement populaire de protestation et accueillait le grand rabbin dans sa résidence épiscopale. La conjuration de Monseigneur Roncalli et du métropolite Stéphane, qui avait condamné l'antisémitisme dès 1938, réussit. Boris le paya de sa vie. Il mourut assassiné, empoisonné par les services secrets nazis, juste après avoir rencontré le Führer, le 28 août 1943. Son tout petit garçon, Siméon, fut immédiatement intronisé pour un court règne de seulement deux années, l'entrée des troupes soviétiques en 1945 scellant définitivement la fin de la monarchie bulgare. À l'instar du métropolite Stéphane qui a été depuis reconnu comme tel par Israël, Boris III fut un Juste parmi les Nations, car il fit tout ce qui était en son pouvoir pour soustraire les juifs de Bulgarie au sort que les Allemands entendaient leur réserver et que les autorités roumaines avaient commencé de réaliser à une grande échelle au même moment. La période communiste étant maintenant terminée, il serait temps, je crois, que Jérusalem et Rome rendent l'hommage qu'il mérite au tsar victime volontaire d'une tragédie qui le dépassait.

Les Bulgares y gagnèrent le surnom de « Danois de l'Europe de l'Est » pour avoir suivi l'exemple des habitants de Copenhague qui expédièrent les enfants juifs d'abord, leurs familles ensuite vers la Suède. Également voisins d'un pays neutre qui ne se montrait pas trop défavorable aux réfugiés, les Bulgares permirent à un maximum d'adolescents exposés à la persécution de rejoindre Istanbul. Pour sa plus grande gloire qui, des années plus tard, l'émerveillait encore, ma grand-mère recueillit ainsi Alexis Weissenberg, le futur pianiste de renommée internationale, qui était connu de tous, et de moi en particulier, comme Ziggy, son vrai prénom étant Sigmund. Maria prit sous son aile ce jeune homme qui avait aussi des racines russes, en devint la mère adoptive et lui offrit, entre autres, son premier piano. Aussi, lorsque je me mis à le voir plus souvent à la fin de sa vie, était-ce comme un membre éloigné de ma famille que je retrouvais. Pour autant, si Ziggy fut l'immense interprète que l'on sait, il le devait à Angelo Roncalli et il n'était pas le seul dans ce cas, car des centaines de juifs bulgares purent ainsi franchir la frontière turque grâce à la tolérance des autorités d'Ankara que leur avait patiemment acquise le délégué apostolique.

La force de cette action est à mesurer au regard de ce qui se passait alors dans le reste de l'Europe orientale. En Roumanie, qui n'était séparée que par la frontière naturelle du Danube, le régime fasciste de Antonescu prit part volontairement et systématiquement à la persécution, transformant la région annexée de Transnistrie en un vaste camp d'extermination. En Hongrie, où l'antisémitisme était de tradition, la destruction des juifs fut pareillement planifiée au plus haut niveau de l'État. En Yougoslavie, ce furent les Croates oustachis, alliés indéfectibles de l'Allemagne, qui s'en chargèrent. Dans l'ensemble de ces pays, le fait de s'être converti au christianisme ne permettait pas d'échapper à la déportation. Or, ce fut sur tous ces fronts qu'intervint Roncalli, en faisant d'Istanbul le quartier général d'une entreprise de sauvetage sans précédent.

Le bon comportement de la Turquie en ce domaine, comme j'ai eu l'occasion de le préciser lors des débats sur sa candidature à l'entrée dans l'Union européenne, doit lui être reconnu. Son corps diplomatique compte plusieurs Justes parmi les Nations : Selahattin Ülkümen, consul à Rhodes, qui ne ménagea pas sa peine pour fournir de faux papiers aux réfugiés et les aider à traverser le détroit sur des radeaux de fortune ; Necdet Kent, consul à Marseille, qui embarqua à bord d'un convoi pour obtenir la libération des déportés qui y étaient transportés ; ou encore Behic Erkin, d'abord consul à Rhodes puis ambassadeur auprès de Vichy dont le cas est en cours d'instruction à Yad Vashem, le mémorial de la Shoah à Jérusalem. Néanmoins, cette attitude ni ne fut automatique, ni n'alla sans contradiction, et ceci pour plusieurs raisons.

La Turquie avait vu dans l'effondrement de la France une catastrophe remettant en cause les équilibres géopolitiques les plus ancestraux. Elle n'avait pas été la seule. Nul, sur le Vieux Continent, au printemps 1940, n'imaginait que la France de Clemenceau et de Verdun s'effacerait comme un château de sable sous les vagues de blindés allemands en quelques semaines. Dès lors, ainsi que le raconte dans ses souvenirs l'ambassadeur René Massigli, le futur Commissaire aux affaires étrangères du Conseil de la Résistance, les Turcs qui étaient subrepticement les alliés de Paris et de Londres furent obligés de réorienter leur politique et, de faussement neutres, le devinrent véritablement. Certes, il fallait bien vivre et survivre, mais les forces les plus nationalistes de droite ne manquèrent pas de relever la tête et de regarder activement vers Berlin. Elles trouvèrent un chef de file dans la personne du maréchal Fevzi Çakmak qui devait rester à la tête des armées jusqu'en 1944, jusqu'à ce que les Alliés se sentissent assez forts pour exiger sa mise à la retraite. Le corps des officiers lui-même, l'ironie des choses faisant que mon grand-père fut de ceux qui avaient contribué à le former, avait été à l'école allemande, parlait et lisait en langue allemande et considérait l'armée allemande comme une armée-sœur avec laquelle on avait combattu et qui était synonyme de modernité, ce syndrome s'exerçant aujourd'hui à l'égard du Pentagone dans lequel la mouvance militaire voit un recours contre la politique d'islamisation d'Erdoğan. Autant dire que, si la Turquie se voulait intégralement neutre, l'appareil militaire turc l'était moins.

Par chance historique, Çakmak se heurta à l'obstruction résolue d'Ismet Inönü, le successeur de Mustafa Kemal, qui n'était en rien un membre de l'élite et qui se revendiquait de l'idéologie progressiste. Il avait réussi à affoler Atatürk lui-même en défendant la constitution soviétique de 1936 comme une avancée remarquable. Kemal avait néanmoins vu en lui un dirigeant capable et l'avait exonéré d'être trop enclin à favoriser un communisme qu'il n'aimait guère, lui reconnaissant une grande aptitude au bon sens populaire. Inönü ne fit pas mentir son mentor et, en homme de gauche, n'eut pas à se forcer pour détester le nationalisme allemand – le nazisme et Hitler encore davantage – dont il se montra un adversaire décidé, en dépit de la promesse allemande de 1942 de se voir accorder l'Azerbaïdjan. Il imposa finalement une barrière assez efficace aux tentations et tentatives de faire basculer la Turquie dans l'Axe et minimisa les effets du rapprochement avec Berlin, de manière similaire à ce que fit Franco au même moment, à l'autre bout de l'Europe. Grâce aux mesures qu'il prit, la Turquie resta ouverte aux réfugiés, à commencer par les Allemands antifascistes tels que les Reuter, père et fils, qui ne furent jamais inquiétés : le père, Ernst, maire social-démocrate de Berlin Ouest, et son fils Edzard, l'homme-clef de l'industrie allemande qui dirigea Mercédès et prépara la première mouture d'EADS.

Cette bataille interne explique les difficultés que rencontra Angelo Roncalli pour se frayer une voie dans les arcanes du pouvoir turc. Il y fut aidé par ma grand-mère qui mit à profit ces contradictions qui ne lui étaient pas inconnues. Parmi elles, survint le « Varlik Vergesi », l'impôt confiscatoire décidé en 1942 pour parer à l'inflation due à la guerre et qui frappa de manière discriminatoire les minorités religieuses, arménienne, grecque, juive où abondaient les courtiers, et qui fut même étendu, pour la première fois, aux Dönmeh, des juifs sabbatéens convertis à l'islam et fichés par l'État d'une manière plus complète qu'on eût pu le souhaiter. Un millier de mauvais payeurs furent momentanément condamnés aux travaux forcés. L'émotion en ressortit profonde dans ces communautés. Ma grand-mère préférait s'en tenir au mot de George Bernard Shaw : « Mon Dieu, préservez-moi de la douleur physique ; pour la douleur morale, je m'en charge. » Pour Maria Bauer comme pour Chaïm Barlas, l'urgence était à ce que l'Europe avait été transformée en terrain de chasse, avec les juifs pour premier gibier. Angelo Roncalli le savait, mais il devait aussi le faire savoir.

Constamment informé par ses nouveaux amis ainsi que par les réseaux qu'il avait su créer ou dont il disposait à l'étranger, le délégué apostolique à Istanbul multipliait les faux certificats de baptême, soutirait les sauf-conduits, organisait les filières de passage, collectait les vivres et les vêtements, mobilisait les sections de la Croix-Rouge, écrivait d'ardentes suppliques aux puissants et des missives circonstanciées au Vatican. Il alla même jusqu'à entretenir une relation personnelle, quoique sans ambiguïté, avec l'ambassadeur du Reich, Franz von Papen. Ce dernier, longtemps chef de l'aile la plus conservatrice du catholicisme allemand et favori du maréchal Hindenburg qu'il avait convaincu d'appeler Hitler à la Chancellerie, avait été initialement le partenaire immédiat du nazisme dont il s'était toutefois vite dépris. Von Papen considérait qu'il avait commis une erreur, et la chance inouïe dont il avait bénéficié en échappant à l'attentat monté contre lui lors de la Nuit des longs couteaux ne laissait guère place au doute à ce sujet. Il était passé tout à côté du rasoir et Hitler, considérant qu'il y allait d'un avertissement ultime, le déporta si j'ose dire, l'envoyant en exil comme ambassadeur en Turquie où il devait demeurer confiné jusqu'à la fin de la guerre. Cette figure de l'aristocratie représentait à l'évidence un interlocuteur naturel pour ceux qui, souhaitant la fin rapide de la guerre, considéraient possible un armistice entre une Allemagne débarrassée du Führer et les Alliés. C'était là la ligne constante du Vatican que ne désapprouvaient pas les Britanniques. La marge de manœuvre était cependant mince, et Roncalli pensait plutôt utiliser les professions de bonne foi de Papen à ses propres fins. Dans le témoignage écrit qu'il fournirait au tribunal de Nuremberg, il préciserait d'ailleurs que des milliers de juifs avaient pu être sauvés grâce aux formalités administratives auxquelles avait fini par se plier l'ambassadeur contraint et contrarié du Troisième Reich auprès de la République turque.

À Ankara et Istanbul comme ailleurs, Stalingrad avait marqué un tournant. À partir du début de 1943, les pro-alliés, qui n'avaient jamais perdu le contrôle des sommets de l'État, reprirent le dessus. La Turquie, voyant la défaite programmée de l'Allemagne nazie, était de plus en plus favorable, en tout cas moins hostile, à l'arrivée inopinée de réfugiés. L'effet de la victoire soviétique, arrachée au prix d'un incommensurable sacrifice humain, se propageait dans toute l'Europe. Par contrecoup, le processus d'extermination s'intensifia. Les vagues de réfugiés suivirent sous la forme de convois clandestins qui cherchaient à atteindre Istanbul, surtout vers la fin de 1943 et au début de 1944. En Yougoslavie, les juifs se cachaient chez les Partisans. Ceux qui arrivaient venaient de Hongrie où, instruits par le lâchage du *conducător* Antonescu à Bucarest, les Allemands, devançant la volonté que manifestait à Budapest l'amiral Horthy de signer une paix séparée, le renversèrent pour donner les pleins pouvoirs aux Croix Fléchées, l'équivalent magyar du parti nazi. Certains provenaient aussi de la Roumanie qui continua à parquer les juifs en Transnistrie et à les liquider sommairement avant que ne s'imposât la conscience de la fin inéluctable de Hitler. L'effondrement des vieilles structures fascistes se fit brutalement. En 1945, les autorités roumaines s'essayèrent ainsi à « vendre » les ultimes juifs survivants d'abord aux États-Unis, puis à l'Union soviétique, afin d'en retirer un bénéfice politique, mais en vain. Ce fut de la sorte que, un beau jour, comme le raconte Aharon Appelfeld, les portes du camp où il était détenu s'ouvrirent et qu'il se retrouva à courir les forêts, nu mais vivant. Paul Celan revint également de Transnistrie à peu près au même moment, quoique pour affronter la vision de sa ville natale, Czernowitz, naguère la capitale de la germanité juive de l'Autriche-Hongrie, livrée à la dévastation.

Là encore, cette situation permit à quelques centaines de juifs de fuir sur les routes et d'être recueillis en chemin par le dispositif que l'Agence juive avait bâti avec, entre autres, la complicité de Angelo Roncalli. Pour la plupart, Istanbul n'était qu'une étape vers la Palestine mandataire, bien que les Anglais fussent de plus en plus défavorables à ce courant migratoire, pourtant négligeable. Le délégué apostolique lui-même était troublé, comme il le confierait plus tard, par ce retour des juifs en Terre sainte qui détrompait les dix-neuf siècles d'exil qu'avait inaugurés la destruction du second Temple. Il ne délivrait pas moins des certificats d'immigration, assuré d'agir pour le Bien.

Lui-même prenait toujours plus de risques, réquisitionnait les sœurs de Notre-Dame de Sion et les autres institutions catholiques d'Istanbul, exhortait le pape Pie XII dans des câbles codés à prolonger sa sollicitude envers les juifs de Rome en un appel universel et radiodiffusé pour le salut de tous les juifs, où qu'ils fussent. Qui pourra jamais retranscrire l'agonie spirituelle que vécut cet homme au cœur de ce tourbillon ? Il ne se souciait plus désormais que de ceux qu'il nommait « les cousins et compatriotes de Jésus ». Il expérimentait une sorte de transfiguration dont ma grand-mère eut le pressentiment au cours des visites qu'elle lui rendit dans ses bureaux derrière l'église catholique de Pera, la Sentespri Latin Katedrali (cathédrale latine du Saint-Esprit), tout près du parc Gezi et de la place Taksim où, il y a peu, la jeunesse turque manifestait contre la mainmise de l'AKP islamiste d'Erdögan.

Les souvenirs de Maria Bauer concordent là-dessus avec les archives de Chaïm Barlas. Roncalli les recevait seul à la nonciature, sans solliciter la présence d'un de ses adjoints ou même d'une secrétaire. Prenant des notes lui-même afin de préparer ses rapports au Vatican, il les écoutait silencieusement, hochait de la tête, soupirait avant de leur demander des précisions. Cette discrétion toute diplomatique céda néanmoins plusieurs fois devant l'émotion. Lors de l'une de ces rencontres, alors que Barlas évoquait le sort désastreux des enfants juifs de Slovaquie, Roncalli, d'un coup pâle et nerveux, se leva et, se plantant devant l'icône du Christ, se mit à réciter les premiers versets de la prophétie d'Ézéchiel sur les ossements desséchés et le retour d'Israël à la vie, ajoutant qu'il n'y avait plus d'espérance que surnaturelle. Une autre fois, après avoir fini de lire les Protocoles d'Auschwitz, un témoignage arraché à ce camp de la mort, il fondit en larmes.

Tradition familiale oblige, juste après que Angelo Roncalli eut appris sa nomination à Paris, ma grand-mère alla prendre congé de lui. « Le savez-vous seulement ? Nous vous vouons une reconnaissance éternelle pour ce que vous avez fait », lui dit-elle. Ce à quoi il répondit : « Ah, chère Madame, je n'ai fait que tout ce que j'ai pu. Mais, sans doute l'ignorez-vous, on m'avait attaché les mains. » Maria Bauer crut entendre que, ce jour-là, le futur pape lui avait confié qu'on l'avait empêché d'agir autant qu'il l'aurait voulu au plus haut niveau de son Église. Ce qui est inexact. Jamais Roncalli n'eut à encourir de frein, d'intimidation ou de réprimande de la part du Vatican pour l'action humanitaire qu'il menait. Au contraire. Cette parole de tristesse au moment de quitter Istanbul visait évidemment la communauté internationale qui, dans son ensemble, ne s'était pas mobilisée comme il avait pu l'espérer. C'était cette indifférence planétaire qui avait limité son engagement, et celui de tant d'autres, en le rejetant dans la marginalité, là où il y allait d'une urgence universelle. Oui, il avait pu sauver des vies. Oui, il avait pu sauver des âmes. Mais il avait été impuissant à enrayer la catastrophe. Nul d'ailleurs n'en aurait eu le pouvoir, à moins de l'alliance de l'Église, des Églises, des religions instituées, des États de droits autour de la simple mais difficile notion d'humanité. Le salut était bien une affaire de famille. C'était ce qu'il s'agissait désormais de réapprendre. Dans un de ses sermons de 1944, n'avait-il pas exprimé son souhait que soit convoqué un concile œcuménique qui aurait à en débattre ? Angelo Roncalli ne pouvait alors savoir qu'il en serait l'artisan. Tout de sa vie pourtant l'y aurait préparé.

LES LEÇONS DE LA VIE

À l'école de l'insoumission

Je n'entends pas ici me faire écrivain hagiographique ou ecclésiastique. Je ne prétends pas plus au statut de biographe ou d'historien. Sans doute l'enthousiasme de mes huit ans continue-t-il à me porter et justifie-t-il ma volonté de ressaisir, en toute humilité, le chiffre de la vocation et de la destinée de Jean XXIII à travers quelques épisodes clés de son existence. L'exercice s'apparente certainement plus à une méditation du *tikkoun olam*, cette « réparation du monde » qu'évoque le Zohar, qui se profile à chaque accélération de l'histoire et qui doit trouver, pour s'accomplir, un médiateur.

Par quel mystère, en effet, un gamin de la campagne de Bergame, né dans la dernière partie du XIXᵉ siècle de simples métayers au sein d'une fratrie d'une dizaine d'enfants, en vient à changer la marche du monde en révolutionnant la plus grande institution religieuse, par le nombre et par l'influence, de l'histoire humaine ? Je sais les talents de recrutement et de pédagogie de l'Église romaine. Néanmoins, c'est autant par l'accueil qu'il fit aux expériences qui lui venaient de la vie que par l'éducation qu'il reçut que Angelo Roncalli en vint à professer l'idéal de charité universelle que son exigence pastorale porterait à la hauteur d'une théologie.

Les bonnes fées qui se penchent sur son berceau témoignent de ce même souci, qu'il s'agisse de son oncle, membre de l'Action catholique, qui paye ses études au séminaire ou de l'évêque de Bergame, proche du monde ouvrier, qui lui offre son premier emploi de secrétaire. Au-delà, ce ne sont plus que dissonances. Le voilà remarqué par Pie X, en quête de fantassins pour armer son offensive réactionnaire, mais lui-même préfère citer Léon XIII, le pape de l'encyclique *Rerum novarum* qui marque l'avènement de la doctrine sociale de l'Église. Jusqu'à ses modèles portent cette empreinte du service des autres. Il loue la Contre-Réforme pour son œuvre doctrinale mais la conçoit d'abord comme un appel à la révision intérieure. Il trouve une figure de sainteté en Charles Borromée, l'archevêque de Milan qui fit face au XVIe siècle à la peste en soignant lui-même ses ouailles, mais il en retient moins l'intransigeance disciplinaire que le maximalisme évangélique.

À regarder de près les premières fascinations de l'intellectuel qu'était naturellement Roncalli, et qui avait bénéficié de surcroît de l'enseignement le plus avancé des universités pontificales, se dessine un fil rouge qui ne cessera de se dévider au risque parfois de casser. Ce fil, c'est la défense des pauvres, ces simples et ces humbles parmi lesquels il est né et dont il ne veut pas être séparé. On l'invite à rejoindre le Vatican, il réplique : « Je suis un homme de peu. Paresseux de nature, je m'abandonne aisément à la distraction. » Il est finalement nommé aux œuvres missionnaires puis, un peu plus tard, à la Sacrée Congrégation pour la propagation de la foi qui deviendra la Congrégation pour l'évangélisation des peuples. Quitte à rencontrer cette fois un sérieux ennui, mais des plus significatifs, avec la Curie.

Pie X vient de condamner avec la plus grande énergie le mouvement libéral du catholicisme français qui se réclame du modernisme en prônant une critique historiciste de la fixité des dogmes. Le pape a dénoncé cette voie comme menant à l'hérésie dans l'encyclique *Pascendi*, attaquant tout particulièrement Alfred Loisy dont le nom ne serait plus connu autrement que par une note de bas de page dans les annales du Collège de France qui l'accueillera avec empressement après son excommunication. Dans le sillage de son protecteur, Monseigneur Louis Duchesne, un ecclésiastique original et érudit qui gagne, grâce à cette crise, un siège à l'Académie française, Loisy a en fait voulu dépasser Renan tout en l'intégrant afin de restituer ce qu'il pense être la dimension proprement humaine de l'Évangile. La polémique est désormais éteinte, les modernistes implicitement réhabilités et toute cette affaire se ressent de l'époque où la mise à l'Index par Rome fait aisément mériter les charges et honneurs de la République. Roncalli va y tomber accidentellement ou, pour être exact, par le biais d'une lettre dont l'auteur, anonyme, dénonce ses lectures secrètes des ouvrages de Duchesne et ses sympathies cachées pour les idées de Loisy. S'ensuit un procès en sûreté doctrinale dont il se tirera, mais non sans mal, grâce à quelques puissants appuis dont probablement celui du jeune et influent Giovanni Battista Montini, un montagnard du Milanais comme lui, mais enfant du Patriarcat milanais, et appelé à lui succéder sous le nom de Paul VI. Preuve que cet épisode l'aura profondément marqué, Roncalli, une fois devenu pape, fera exhumer cette lettre des archives afin d'identifier son délateur. En attendant, la leçon est apprise. Désormais, il veillera à avancer masqué, à tout le moins de ne rien brusquer et cette stratégie sera décisive pour la tenue de Vatican II.

Comme pour tous les hommes de sa génération, l'épreuve cruciale est toutefois celle des tranchées.

Le conflit est mondial, il n'en trouve pas moins sa source dans une sorte de guerre civile entre les nations chrétiennes d'Europe. Enrôlé dans l'armée italienne en 1915, incorporé dans le service de santé, Roncalli est vite affecté comme aumônier militaire. Sous le feu, puis par la suite, après l'armistice, dans le cadre du séminaire qu'il dirigera, il se fait le thérapeute de tous ces jeunes gens traumatisés à la sortie de la fournaise, qu'ils soient promis au sacerdoce et en proie au doute, ou déjà prêtres et incapables d'exercer leur ministère. Il n'a nul besoin d'être persuadé que la guerre est une absurdité. Il considère au contraire tous les acteurs de la guerre comme des victimes de guerre, non pas seulement comme des blessés physiques, mais comme des blessés de la vie, de l'âme. Toujours il y verra un mal impassable.

Tel n'est pas, toutefois, le climat de l'heure. Dans les années 1920-1930, tout ce que la France des anciens combattants connaît d'exaltation patriotique, les discours aux accents empathiques, les monuments aux morts, les retraites aux flambeaux, l'Italie le connaît pareillement. De part et d'autre des Alpes, les clergés prennent leur part dans ce culte du souvenir, avec un net avantage à la surcharge cérémonieuse du côté français qui persistera par-delà la Seconde Guerre mondiale : lors du cinquantième anniversaire de Verdun, à l'évocation des Poilus, on verra ainsi le cardinal Tisserant fondre en larmes dans les bras du général de Gaulle. Loin de moi, cependant, l'idée de condamner de telles effusions, la mémoire du grand esprit que fut Charles Péguy suffisant à nous faire entrer dans le caractère sacré du sacrifice de toute une génération. Mais sans doute la France a-t-elle peu à peu mieux compris la politique d'équilibre de Benoît XV, qui a refusé de trancher entre Berlin et Paris au service d'une paix négociée.

Du côté italien, l'ironie avec laquelle on se complaît habituellement à fustiger les expressions du surmoi n'a pas plus fonctionné. Après 1918, chaque ville de la Péninsule accueille ainsi une place Cesare Battisti, du nom du socialiste irrédentiste du Trentin condamné à la pendaison en 1916 pour trahison de l'empire austro-hongrois. Très vite cependant, le peuple se montre mitigé. C'est au sommet de l'Église et de l'État que va se jouer la partition patriotique. D'une part, Pie XI, qui a passé la guerre à la bibliothèque Vaticane dont il a exercé la charge de Préfet, n'est pas insensible à cette geste de souffrance, en ce qu'elle suppose d'héroïsme moral. D'autre part, le fascisme de Mussolini se nourrit, comme tout nationalisme belliqueux, d'un mythe guerrier. Que l'heure soit à la résolution de la question romaine et à la reconnaissance de l'État de la Cité du Vatican amplifie le mouvement. Les accords du Latran viendront sceller le ralliement des clercs à la cause nationale de l'Italie.

Angelo Roncalli n'est d'accord avec aucune de ces orientations. Il fait partie de ceux qui jugent que la guerre est une vilaine chose et en récusent le romantisme présumé. Il ne rejoint pas, certes, les antifascistes, ce qui aurait été impensable dans sa position, mais un sermon des années 1920 dans lequel il distingue « l'amour de la patrie » de la « militarisation de la nation » en dit long sur sa sourde opposition à l'esprit qui domine alors. Pour cette raison ou pour une autre, Pie XI a décidé de l'éloigner de Rome en le versant dans l'appareil des affaires étrangères. Roncalli va vivre en dehors de l'Italie mussolinienne, ce qui lui évitera d'assister à l'évolution de plus en plus défavorable du régime du Duce : les lois liberticides, la guerre d'Éthiopie, l'intervention dans la guerre d'Espagne, le pacte avec Hitler, les persécutions antisémites ; il demeurera étranger et imperméable à cette longue dérive, parce que devenu un diplomate du Vatican, doté d'un passeport du Vatican, et menant en Bulgarie et en Turquie une seule et même politique, celle du Vatican. Son exil est le prix qu'il a eu à payer pour être connu comme un esprit libre et indépendant. Cet esprit d'indépendance est désormais le gage qui lui permettra de le rester.

Des noces orthodoxes

La première nomination de Angelo Roncalli est sans éclat. Certes, on l'élève à l'épiscopat, mais il n'a rang que de visiteur apostolique, au plus bas de l'échelle, ce qui ne lui confère pas un vrai statut diplomatique. De surcroît, la Bulgarie majoritairement orthodoxe et paysanne ne laisse espérer, en apparence, ni dossier majeur ni grand enjeu. Pis, ses relations avec le Saint-Siège tournent régulièrement à la polémique, ce qui ne va pas sans aggraver l'image déjà très négative dont souffre le catholicisme dans le pays. Autant l'admettre, lorsqu'il arrive à Sofia, en 1925, afin de s'installer, pour la première fois de sa vie en terre étrangère, Roncalli aurait beau jeu de penser, en dépit des encouragements de son protecteur Montini, qu'on lui a confié une mission impossible. Or, la Bulgarie va se révéler une étape fondamentale dans son développement, car c'est là, à la faveur d'une crise palpitante, qu'il va forger sa propre conception de l'œcuménisme qu'il faudrait qualifier d'intégraliste.

Il s'agit ici de comprendre que, si l'orthodoxie a été portée à incandescence par la conquête ottomane, qui a entériné la domination de l'islam sur l'ensemble des anciens territoires de Byzance, elle n'est pas alors sans grief à l'encontre de la chrétienté d'Occident. À l'instar des Grecs, les Bulgares entretiennent un fort contentieux avec la papauté, souvent confondue avec la figure de Belzébuth sur les panneaux les plus apocalyptiques des fresques des monastères médiévaux, notamment ceux du mont Athos. Les uns et les autres se souviennent surtout de l'égoïsme des républiques de Gênes et de Venise qui a précipité le démantèlement de l'Empire byzantin et de la propension de Rome à promettre croisades, assistances et secours qui sont restés lettre morte. C'est pourquoi les deux Églises, la grecque et la bulgare, ont fini, non sans hésitation, par refuser le dernier grand concile d'Union qui s'est tenu à Ferrare et à Florence au XVe siècle, à la veille de la chute de Constantinople. Avec l'Église russe qui commence à s'affirmer, elles vont constituer le ciment d'une orthodoxie qui se définira par son esprit de résistance, à l'orée des temps modernes et pour les siècles qui suivront.

Leurs relations ne seront pas pour autant iréniques. Si l'Église grecque est bien l'Église-mère, l'affirmation par l'Église bulgare de son caractère national l'entraîne à vouloir s'émanciper de la haute hiérarchie du Phanar, le siège du patriarcat de Constantinople à Istanbul, qui se trouve *de facto* imbriqué dans la politique de la Sublime Porte, c'est-à-dire du pouvoir ottoman. Par ailleurs, l'Église bulgare partage avec l'Église russe le même fond slave tandis que Moscou essaie de rivaliser avec Constantinople et de lui ravir son titre de nouvelle Rome. Les Bulgares, en quête perpétuelle de leur indépendance, joueront sur tous ces tableaux, non sans entretenir la nostalgie de leur propre espace impérial.

Au XVIIe siècle, la perspective de la libération de la Bulgarie par les armées autrichiennes vient quelque peu compliquer la situation. Les sauveurs présumés ont à leur tête le prince Eugène de Savoie-Carignan, descendant des Mazarin, fils d'Olympe Mancini, la sulfureuse maîtresse du jeune Louis XIV, et sans aucun doute le plus grand et le plus victorieux des capitaines de l'Europe moderne. Sa légende suscite une véritable ferveur envers les Habsbourg au point qu'un groupe minoritaire de l'Église bulgare accepte l'union avec Rome. C'est là un cas unique car, ailleurs en Europe de l'Est, ceux qu'on nomme les uniates qui résident principalement en Ukraine occidentale et dans le nord de la Roumanie ont été établis comme tels par le pouvoir d'État, polonais d'abord, autrichien ensuite. Or ceux de Bulgarie ont choisi d'être en communion avec Rome sans être pour autant placés sous la protection d'une nation catholique plus puissante que celle, orthodoxe, dont ils provenaient. Certes, lors de sa reprise en main de la région, l'Empire ottoman a certainement jugé bienvenu ce ferment de division parmi les chrétiens. Mais le fait est que, depuis, à l'entour de Plovdiv, l'une des plus anciennes villes d'Europe, l'antique Philippopolis qui tire son nom de celui du père d'Alexandre le Grand, subsiste une petite minorité uniate. Elle s'est maintenue corps et biens, mais non sans difficulté, car la majorité orthodoxe n'a cessé de la considérer comme traîtresse et suspecte, constituant une cinquième colonne à la solde de l'étranger.

Enfin, cette même majorité orthodoxe connaît, depuis le XIXe siècle, un affrontement interne. Où qu'ils soient, les Bulgares orthodoxes sont soumis à une hiérarchie qui n'est pas bulgare alors que le mouvement des nationalités bat son plein : dans leur territoire traditionnel, ils dépendent, on l'a vu, du patriarcat de Constantinople ; en Macédoine, du patriarcat de Niš et de Belgrade qui vient d'être rétabli avec l'indépendance de la Serbie. Comme les autres peuples orthodoxes, les Bulgares rêvent de disposer d'un État et d'une Église en propre, afin de garantir leur liberté à la fois politique et religieuse. Pour eux, secouer le joug ottoman et l'emprise grecque revient au même. L'insurrection de 1876 a entraîné une énième guerre russo-turque qu'a soldée, en 1878, le traité de San Stefano en consacrant l'érection d'une principauté autonome mais très réduite par rapport aux ambitions initiales du mouvement social. Parallèlement, l'autocéphalie, la capacité d'autogouvernement ecclésiastique, a été proclamée unilatéralement en 1872, mais n'a pas été reconnue par Constantinople qui la restreint au statut relatif et subordonné d'un « exarchat ». Aussi la quête de l'indépendance, inachevée, se poursuit-elle sur ces deux fronts. La principauté deviendra royaume et se voudra empire avant de se rétracter en État-nation. L'autocéphalie, elle, ne sera confirmée qu'en 1945, donnant lieu à une Église pareillement nationale. Entre-temps, le jeune pays, passé de la domination ottomane à l'influence russe, aura été agité par les débats entre les impérialistes, les monarchistes, les démocrates et par la discorde entre les « autocéphalistes » radicaux et les « exarchistes », plus favorables au compromis.

La géopolitique joue donc à plein lorsque Angelo Roncalli prend ses fonctions. C'est une première manifestation de son génie que d'inverser la perspective et de se saisir de la question par sa dimension religieuse. Cette attitude ne va pas de soi, car l'esprit d'ouverture qu'il va manifester contredit la conception restrictive du dialogue des Églises qui domine à l'époque à Rome. L'œcuménisme, ce mouvement né entre protestants et qu'ont rejoint les orthodoxes, a été salué par Léon XIII pour l'aspiration à l'unité qu'il représente et condamné par Pie XI pour la concurrence institutionnelle qu'il constitue. En d'autres termes, Rome conçoit alors l'union des chrétiens sous la forme de l'uniatisme, d'un ralliement à la papauté. Le futur Jean XXIII va se montrer en avance sur l'un et l'autre de ses prédécesseurs en parachevant l'intuition de Léon XIII, contre les craintes de Pie XI.

En fait, sans affronter directement les autorités vaticanes, dont l'acribie d'ailleurs évolue en raison de la persécution athéiste que subissent les orthodoxes en Russie, Roncalli développe une idée simple : plutôt que de multiplier les séparatismes au sein des confessions historiques comme il en va des uniates à l'encontre de l'orthodoxie, mieux vaut encourager la communion de terrain dans tous les domaines où elle s'avère possible et ce, quand bien même elle n'atteint pas la perfection de la pleine communion. C'est, si l'on veut, l'invention d'un œcuménisme de proximité qui, surtout, en réserve l'initiative à la base.

Ce message est celui qu'il délivre à la poignée de ses fidèles dès son arrivée, les exhortant à « agir avec amour à l'égard des frères séparés ». Concrètement, cela se traduit par un apaisement des conflits interconfessionnels, une mise à la disposition de tous des institutions éducatives, sanitaires ou charitables que possède l'Église catholique en Bulgarie, et un souci constant de la société dans son ensemble. Un tel programme ne relève en rien des bons sentiments. D'une part, Roncalli catholicise, si l'on peut dire, les uniates, les universalise en les forçant à dépasser leur particularisme ; d'autre part, il permet de la sorte leur intégration sans cesse retardée dans une citoyenneté de droit et non plus ethnique. Mais, ce faisant, et c'est absolument central, il refuse d'indurer les uniates dans leur opposition à l'orthodoxie et leur assigne, au contraire, de se constituer en levain du dialogue. Par-là, enfin, il acquiert un statut d'interlocuteur avec l'Église orthodoxe de Bulgarie, et donc un pouvoir d'influence, auquel aucun catholique, de rite latin ou oriental, n'aurait pu prétendre auparavant.

Mission accomplie, ou presque, car son schéma de conciliation va être mis à l'épreuve d'une crise majeure. C'est l'affaire du mariage du tsar Boris III qu'il va lui falloir gérer seul et contre tous. Déjà, en 1894, le baptême orthodoxe de celui qui était alors le dauphin, avait provoqué l'excommunication par Rome de ses parents, Ferdinand Ier et Marie-Louise, tous deux issus de grandes maisons catholiques, les Saxe-Cobourg et Gotha pour lui, les Bourbon-Parme pour elle. Comme en Grèce, la raison d'État avait prévalu et la dynastie importée d'Europe s'était conformée à la religion du peuple. Trente-six ans plus tard, le dauphin ayant accédé au trône, l'histoire va se répéter.

Boris est plus qu'en âge de se marier. Il jette son dévolu sur Jeanne de Savoie, qui accepte de devenir sa femme. Il est orthodoxe, elle est catholique. Pie XI consent à cette union à condition que la célébration des noces et le baptême des enfants à venir restent dans le giron de l'Église catholique. En 1930, le 25 octobre, à Assise, les époux s'engagent selon le rite latin, mais ils renouvellent cet engagement selon le rite byzantin à Sofia le 9 novembre. Quant à la progéniture royale, elle sera éduquée dans l'orthodoxie. L'affront est cuisant pour le pape auprès duquel Boris s'est solennellement engagé par serment. Le visiteur apostolique est dépêché sur le front d'une possible excommunication de Jeanne de Savoie qui a décidé, pour sa part, de suivre les choix de son mari.

Le tsar s'est rendu compte de la gravité de sa promesse qui représente un défi lancé à la grande majorité orthodoxe du pays alors que la monarchie est encore branlante après l'intermède républicain de 1918 à 1923. Son dédit relève d'un geste politique parfaitement compréhensible, mais revient aussi à un désaveu du Souverain pontife. Pie XI, cet alpiniste chevronné, amateur de vitesse, promoteur de la radio, n'est-il pas un homme plus à même d'accepter les contingences de l'histoire que ses prédécesseurs ? Le pape réagit en effet de manière moderne : il réserve sa décision et, en attendant, place son représentant en première ligne d'une improbable négociation.

Chargé de porter la mauvaise nouvelle d'une éventuelle excommunication, Roncalli administre la situation de main de maître. Il rend compte le plus littéralement possible de la protestation du Saint-Siège, faisant du même coup comprendre à ses interlocuteurs qu'il ne s'agit que d'un acte formel et que, pour sa part, il comprend la singularité de la Bulgarie. Maniant la douceur à la manière d'un curé de paroisse italien qui connaît la vie et se veut accommodant avec les choses du ciel, il n'en pose pas moins fermement l'hypothèse théologique selon laquelle Jeanne ne saurait être frappée d'apostasie dès lors que Rome, tout en regrettant la situation de schisme, ne peut pour autant juger invalides les ordres et les sacrements orthodoxes. Il y a donc lieu de se réjouir de cette union légitime qui, de surcroît, rapproche les peuples d'Europe. Ce n'est évidemment pas le sentiment de Pie XI qui, selon la légende noire du Vatican, aurait laissé son visiteur apostolique agenouillé tout le temps de l'entretien auquel il avait été convoqué pour s'expliquer de son invraisemblable souplesse. Le gain pour l'Église catholique en Bulgarie est cependant indéniable. Les uniates, que Roncalli a structurés en les dotant pour la première fois d'un évêque choisi parmi les prêtres les plus fervents de cette communauté, sont enfin reconnus par l'État. Incidemment, ils ont aussi acquis une véritable existence au sein du christianisme universel.

Angelo Roncalli saura se souvenir de l'épisode bulgare et solliciter les amitiés nouées au cours de ses dix années de séjour, lorsqu'il s'agira d'aider les Grecs livrés à la famine ou les juifs à la persécution. Il n'en reste pas toutefois à cette dimension humanitaire. Il a contribué à restaurer la dignité de l'uniatisme, mais en a retiré que cette voie ne peut représenter une solution pour l'unité. L'orthodoxie lui est apparue comme une authentique Église et non pas comme le résidu historique d'une mauvaise querelle médiévale. Il en est désormais convaincu : il faut ouvrir les bras aux orthodoxes et aux Églises orientales au lieu de chercher à les diviser en jouant du caractère national des entités locales qui les composent. Non seulement les sacrements orthodoxes sont valides, mais le christianisme a besoin de ses « deux poumons », selon la formule qu'invente au même moment le poète russe Viatcheslav Ivanov à la suite du grand philosophe philo-catholique Vladimir Soloviev. Les deux corps séparés, d'Occident et d'Orient, ont le devoir de se retrouver à la condition qu'ils se donnent les moyens, notamment théologiques, de s'entendre. En conséquence, l'union des Églises ne se déclare pas, mais se découvre dans le dialogue, qui est le préalable à l'intercommunion.

C'est cette perspective que Jean XXIII fera triompher avec Vatican II. Le dominicain Yves Congar raconte dans son *Journal* l'angoisse qui étreint alors les théologiens romains, partisans de l'œcuménisme, à l'idée que leurs confrères non-catholiques ne soient pas admis aux séances du concile, ou alors en catimini. Ce sera le contraire. Sur les indications directes du pape, on les place dans la grande salle de la basilique Saint-Pierre, sous le grand pilier, exposés à la vue de tous et tout près du trône pontifical. Avec les honneurs, c'est leur dignité qui leur est rendue. Eux aussi participent de l'édification de l'Église universelle qui ne peut être réduite au confessionnalisme latin. Les limites institutionnelles ne sauraient constituer des barrières infranchissables. Par chance historique, le patriarche de Constantinople d'alors, Athénagoras, est aussi un pacificateur et devient, pour Rome, un interlocuteur essentiel. La relation personnelle que Jean XXIII noue avec lui est d'ordre épistolaire, mais en rien protocolaire et prend vite un tour intime. Elle préparera la rencontre à Jérusalem, en 1964, d'Athénagoras et de Paul VI, mettant fin à un millénaire de divorce mutique.

Certes, ce dialogue n'est pas égal. Avec la Réforme, luthérienne et surtout calviniste, il reste malaisé tandis que pèse sur l'anglicanisme l'ombre tutélaire de la conversion du cardinal Newman. Ayant perdu de sa consistance originelle avec l'extension de l'empire britannique, l'Église d'Angleterre balance alors entre la *High Church*, qui penche vers Rome, et la *Low Church*, qui tend au protestantisme intégral. Depuis, en un court demi-siècle, ce compromis a éclaté, de même que les autres Églises réformées, anciennes ou nouvelles, ont pris toutes sortes de mesures innovantes qui compliquent la notion même de rapprochement. Ces mesures, dont en premier lieu l'accession des femmes au sacerdoce, sont présentées par leurs auteurs comme découlant de la révision de présupposés culturels. Pour Rome, elles représentent une atteinte à la tradition et confinent au relativisme doctrinal, si ce n'est anthropologique. Ce dont les orthodoxes généralement conviennent. C'est pour une autre raison, en rien théologique, que le front commun proposé par Jean XXIII à l'orthodoxie n'a pas résisté à la chute du Mur de Berlin.

Jean-Paul II s'est voulu un successeur fidèle de Jean XXIII. Il l'a indéniablement été. Il a joué un rôle prophétique majeur dans la révolution du bloc de l'Est qui a abouti au mouvement de libération des peuples de 1989. C'est incontestable. En revanche, et sans doute parce que trop polonais d'instinct et de culture, le pape de la fin du communisme aura raté le coche avec l'Église orthodoxe. Que le patriarcat de Moscou, à peine sorti des décombres, empressé de restaurer sa structure, de rouvrir ses monastères, ses paroisses, ses séminaires, n'ait pas été un partenaire commode, cela est certain. Mais la manière inquiète, sourcilleuse, et parfois même quelque peu dominatrice avec laquelle Jean-Paul II l'a traité, n'en était que plus malvenue. Elle n'a pas incité, dans tous les cas, l'Église russe à se remettre au diapason de sa pensée qui est une pensée profonde et qu'incarne, par exemple, un Vladimir Soloviev, précurseur au XIXe siècle de cet impératif œcuménique embrassé par Jean XXIII.

Élevé dans l'orthodoxie comme beaucoup de membres de l'intelligentsia russe, sympathisant avec le catholicisme, notamment le catholicisme polonais, Soloviev a défendu l'idée de l'indispensable émancipation du pouvoir spirituel au regard du pouvoir temporel, contredisant par-là la tradition tsariste d'une subordination de l'Église à l'autorité politique que Pierre le Grand avait aggravée en décapitant le patriarcat et en imposant un saint-synode d'inspiration allemande et luthérienne. L'autonomie refusée à l'Église avait ainsi entraîné une inflation de sa spiritualité et un appauvrissement de sa théologie, heureusement compensé par de grands penseurs laïcs tels que Soloviev précisément, ou encore Dostoïevski et Chestov. La chute du Mur a inévitablement suscité la tentation de revenir à ce système. Si, au lieu d'essayer de marquer des points géopolitiques en multipliant les anicroches canoniques, l'Église romaine avait ouvert fraternellement les bras à l'Église orthodoxe, si elle lui avait permis de prendre le temps de se redresser, si elle lui avait fourni de l'oxygène intellectuel, si elle l'avait rassurée quant à son difficile retour sur la scène de l'histoire, toutes choses qu'appelait de ses vœux le théologien français et orthodoxe Olivier Clément, il est évident que Rome et Moscou auraient pu, si ce n'est enrayer, à tout le moins limiter la guerre civile yougoslave et l'empêcher d'atteindre ce point intolérable où des activistes qui n'avaient rien à voir avec l'Évangile, ni d'un côté ni de l'autre, se sont arrogés des identités religieuses pour les rendre meurtrières. Il a véritablement manqué là la parole pontificale que Jean XXIII n'aurait jamais manqué d'exprimer.

Jamais, sans doute, l'orthodoxie n'a eu face à elle un pape si déterminé à admettre son irréductible identité. Aujourd'hui encore, ce dialogue entre les deux Églises est le plus porteur d'espoir, à vue humaine, car il est le plus immédiat et le plus cohérent. Il dépasse de surcroît les seuls catholiques et orthodoxes. Pour Angelo Roncalli, en effet, l'œcuménisme que lui a inspiré son expérience bulgare est l'affaire des chrétiens en ce qu'il doit, ultimement, décider de la valeur de leur témoignage et que, dans ce sens, il concerne aussi bien les non-chrétiens. Cet élargissement de l'universalisme que suppose la catholicité va être au cœur de son expérience turque.

Un Orient occulte

C'est une Turquie tourneboulée que rencontre, on l'a vu, l'ancien visiteur apostolique en Bulgarie qui vient d'être hissé au rang de délégué apostolique. À l'instar de la politique d'occidentalisation menée par Pierre le Grand dans la Russie de la fin du XVIIe siècle, le kémalisme promeut la modernisation sur un mode accéléré. Il entend rapprocher son peuple à grand pas de l'Europe, voire à grands coups de pied au derrière. Cette brutalité n'est pas sans intriguer Angelo Roncalli. La laïcité intransigeante que prône le régime, ouvertement hostile à l'islam traditionnel et même à l'islam en général, à toutes les religions en fait, est-elle crédible ?

Derrière cette répétition de l'héritage français de 1792 et de l'idéologie du romantisme révolutionnaire et national, se cache une réalité autrement complexe et bien plus orientale. En réalité, lorsqu'on regarde les véritables origines du kémalisme, on voit que ses racines plongent dans la longue chronique des sectes hétérodoxes de l'islam qui, au cours de l'histoire ottomane, ont traditionnellement trouvé un refuge dans l'appareil militaire. L'armée des sultans, en effet, s'est toujours montrée méfiante à l'égard des oulémas et hostile à l'emprise du sunnisme dont le lourd légalisme a été vu comme un empêchement à l'esprit guerrier. De manière pragmatique, cette opposition s'est traduite par une forte inclinaison vers le chiisme dont le sens casuistique semblait plus opportun. Ainsi, à l'apogée de l'Empire, les janissaires, souvent des enfants de l'aristocratie chrétienne arrachés à leurs familles, se déclaraient volontiers des disciples d'Ali, le gendre du Prophète, mort des mains des Kharidjites qui contestaient son droit à la succession, martyr vénéré par les soufis et premier des imams pour les chiites.

Que le père de Mustafa Kemal se soit appelé Ali Reza est un bon indice de l'appartenance de sa famille à ce courant ésotérique, ce que confirment d'ailleurs les lointaines origines paternelles, remontant aux tribus nomades vivant autour de Konya, l'ancienne Iconium évangélisée par saint Paul et qui est devenue depuis le centre de la confrérie des derviches tourneurs dont elle abrite le mausolée du fondateur, le poète Rūmī. Après avoir longtemps imprégné de manière souterraine les couches inférieures de l'administration ottomane, cette culture s'est réveillée au contact des comptoirs ouverts par les puissances européennes sur les rivages du Bosphore, de l'Égée et de la mer Noire. L'affaiblissement constant de l'Empire, les défaites militaires successives de l'armée ottomane ont précipité la maturation d'une conscience politique de plus en plus affirmée. Ces crypto-chiites, au XIXe siècle, deviennent francs-maçons, adoptent le théisme abstrait de l'illuminisme et professent une volonté d'émancipation et de progrès. Le pont jeté entre l'un et l'autre univers est visible dans le rayonnement qu'acquiert alors la secte des Bektachi, réputée musulmane mais en fait syncrétique et libérale. Significativement, elle sera la seule à conserver toutes ses prérogatives sous le kémalisme.

Aussi, sous le couvert d'un discours qui semble imité du petit père Combes et des radicaux français, le laïcisme turc marque-t-il la revanche chiite sur le joug sunnite de la même manière que, depuis une quinzaine d'années, l'accession des islamistes de l'AKP au pouvoir, dénote un retour de balancier.

L'intransigeance d'abord à usage interne de ce laïcisme n'a pas été sans effet, toutefois, sur les communautés autres que musulmanes et, plus généralement, sur le sentiment qu'inspire l'étranger. Les soufis anatoliens sont d'autant plus hostiles, traditionnellement, au christianisme que nombre d'entre eux en sont lointainement issus et que leur mystique laisse voir des emprunts au monachisme oriental. Le kémalisme reprendra à son compte cette aversion en réduisant les Arméniens d'Istanbul et les Grecs à leur caractère ethnique, afin de mieux les turquiser. Il exercera initialement la même défiance à l'égard du sionisme, considérant qu'il n'est d'autre avenir pour les juifs turcs que la Turquie.

Telle est donc la situation embrouillée qui se dévoile à Angelo Roncalli et qui lui enseigne rapidement à ne pas s'en tenir aux apparences, mais à s'efforcer au contraire de déchiffrer les ressorts secrets de blocages présumés irrémédiables. La laïcisation de l'État correspondant en fait à une nationalisation de la société, il lui faut faire face à l'imposition du turc comme langue unique et obligatoire dans toutes les écoles, notamment les écoles étrangères. C'est l'autonomie même de l'enseignement en général et de l'enseignement religieux en particulier qui est remise en cause. Que va-t-il en être de l'action des frères et des sœurs catholiques qui s'y consacrent ? Que va devenir Notre-Dame de Sion qui a vocation d'accueillir les jeunes filles, lesquelles sont souvent musulmanes et n'en sortent pas toujours convaincues de la supériorité de l'islam ? Roncalli se débrouillera de ces contrariétés mais, ce faisant, il découvre ce que peut signifier pour le christianisme d'être minoritaire.

Riche de la connaissance de l'islam, et plus encore de la reconnaissance de la pluralité des islams, mais aussi de l'accointance avec une laïcité dont le militantisme n'épuise pas les aspirations inconscientes quoique légitimes à l'égalité, l'expérience turque est aussi l'occasion, pour Angelo Roncalli, de réaliser qu'une foi libérée des pesanteurs sociologiques n'est pas nécessairement une malédiction, mais peut être une bénédiction.

Dans le regard des papes

La guerre va révéler la dimension prophétique de Angelo Roncalli, jaillissant certainement d'une vie intérieure forte de contemplations cachées mais dont son *Journal de l'âme* suggère la profondeur. Toutefois, pour saisir ce que ce prophétisme revêt d'exemplaire, et peut-être d'unique, c'est vers l'histoire qu'il faut se tourner. D'où la nécessité de revenir sur les rapports entre l'Église catholique et le monde juif alors que monte le péril nazi.

De part et d'autre d'une frontière artificielle qui est allée se durcissant au XXe siècle, les jugements à l'emporte-pièce ne manquent pas. Dans les années 1950, prédomine un courant apologétique qui voit un certain nombre d'historiens ou de philosophes catholiques présenter l'Église catholique comme opposée, front à front, au nazisme. Or, l'Église, c'est incontestable, était contre le nazisme, mais ne se montrait pas forcément enthousiaste à lutter contre l'antisémitisme. À partir des années 1960, s'impose un courant accusatoire qui fait de l'Église catholique la complice du nazisme et qui, à force de permanence, devient la vulgate du moment. L'incrimination est lancée au théâtre par la pièce *Le Vicaire* dans laquelle le protestant Rolf Hochhuth, son auteur, reprend tous les poncifs de l'anticatholicisme luthérien et fait du Vatican, en raison de sa démission présumée, l'agent principal de la destruction des juifs sous le Troisième Reich, comme dans le reste de l'Europe. Cette thèse, ou prétendue telle, n'est pas que fausse, elle est insoutenable, tout particulièrement venant d'un protestant alors que la persécution des juifs en Allemagne a été ourdie, pour l'essentiel, par les populations issues de la Réforme qui étaient de surcroît majoritaires. De fait, à la différence de l'Église catholique, les Églises évangéliques unifiées, suivant le principe luthérien de la soumission au Prince, ont affirmé dès 1933 la primauté du « politique d'abord » sur toute autre considération. La Bavière catholique, la Rhénanie catholique étaient antinazies et les pôles de résistance électoraux à la montée de Hitler étaient catholiques. Par la suite, l'Église catholique, et non pas les Églises réformées, devait rester une épine dans le pied du Führer. Ce qui n'empêchait pas, bien sûr, certains dignitaires du régime de se réclamer du catholicisme.

Comment, dès lors, arriver à une vue synthétique, dégagée de ces deux positions aussi extrêmes qu'intenables ? La synthèse est la suivante : Pie XI qui est le grand pape des années de l'entre-deux-guerres est un opposant résolu au nazisme. Il trouve en son Secrétaire d'État, à la fois son Premier ministre et son ministre des Affaires étrangères, Eugenio Pacelli, un allié constant. Pacelli devenu Pie XII est un adversaire aussi déterminé de Hitler que l'était Pie XI. À rebours d'un manichéisme aussi infondé que répandu, Pie XII ni n'avale les commissions que lui a transmises Pie XI, ni n'introduit un infléchissement pro-allemand dans la diplomatie vaticane qu'aurait récusé Pie XI. Pour autant, Pie XII n'est pas Pie XI, de même que l'année 1942 n'est pas l'année 1933. Que s'est-il passé, alors ? Que le génocide sur lequel l'Église était renseignée, ne serait-ce que par les confessions de certains nazis se voulant encore catholiques, n'a jamais été dénoncé en tant que tel, et que les interventions en faveur des populations juives ont été largement décentralisées, laissées à l'initiative des uns ou à l'inertie des autres.

Comment peut-on expliquer cet état de fait ? Il faut tout d'abord admettre que Pie XI ne mérite pas tant d'éloges et que Pie XII ne mérite pas tant d'opprobre. Expliquons-nous. Achille Ratti, le futur Pie XI, est un patriote italien d'origine rurale, représentatif du nouveau clergé transalpin qui, à partir de Léon XIII, a commencé de se réconcilier avec l'État né de l'aventure garibaldienne, mais que le Vatican a longtemps considéré comme un usurpateur et un spoliateur. Ratti devient prêtre à l'époque où Rome, qui avait jusque-là enjoint les catholiques à s'abstenir de participer aux scrutins électoraux, revient sur cette attitude négative et laisse l'Union catholique, que préside le comte Gentiloni, pactiser avec les forces politiques installées. Il était temps car l'Italie, en cette année 1913, abandonne le suffrage censitaire pour le suffrage universel, certes limité aux hommes mais d'où sortiront les prémices des deux partis dominants du XXe siècle, à savoir les démocrates-chrétiens et les socialo-communistes. Partisan de la doctrine sociale, admirateur de Léon XIII, réfractaire à Pie X et à Benoît XV, Achille Ratti est conscient de ce formidable enjeu. Son inclination libérale n'a d'égale, toutefois, que sa passion patriotique, son esprit d'ouverture finissant par le faire s'ouvrir à Mussolini. De sorte que Pie XI est à la fois le premier pape à avoir dit des choses aussi fortes sur l'antisémitisme, l'homme de la dénonciation du nazisme et un partisan sans remords ni hésitation du régime fasciste. Le percement de la grande voie de la Réconciliation qui va relier la basilique Saint-Pierre au Tibre et qui scelle monumentalement les nouveaux accords entre l'Église et l'État marque l'apogée de Mussolini, le réunificateur des deux Italies, dont Pie XI est non seulement l'interlocuteur mais l'allié.

Y aurait-il là une contradiction insurmontable ? Non. Le nationalisme italien intransigeant que cristallise le fascisme est alors inquiet du nationalisme allemand concurrent, notamment de son révisionnisme territorial que stigmatise de la même manière une figure antinazie du nationalisme intégral italien, telle que Gabriele d'Annunzio. Mussolini, pour l'heure, souhaite de s'entendre avec Paris et refuse les appels du pied de Berlin à s'engager derrière le Troisième Reich. Les options de Pie XI ressortent très ordinaires : il est partisan d'un régime d'autorité dans une Italie prompte au désordre ; il est hostile à une quelconque forme d'alliance avec l'Allemagne ; il s'accorde avec le philosophe idéaliste de droite, Giovanni Gentile, l'idéologue du régime qui, dans *L'Encyclopédie italienne* condamne encore radicalement l'antisémitisme et toute forme de racisme comme contraires à la science.

La principale préoccupation de Pie XI est ailleurs. Elle tient à la complexe politique d'équilibre qu'il veut étendre, en toute subtilité vaticane, à l'échiquier européen. Elle revient à faire coïncider le ralliement à Mussolini en Italie, la condamnation de l'Action française en France et le soutien aux mouvements démocrates en Allemagne. Trois cibles pour un même but aux effets multiples : désarmer l'hostilité latente des catholiques italiens envers le fascisme, conforter les catholiques français dans leur adhésion prudente à la République, appuyer les catholiques allemands dans leur refus combatif du nazisme. En d'autres termes : isoler Hitler.

Il n'y a rien dans ce plan que ne partage le Secrétaire d'État dont la réputation, au sein de la Curie, est précisément d'être l'« homme du pape ». Connaisseur exceptionnel de l'Allemagne et de l'Église allemande, Pacelli, qui a assisté, effaré, aux débuts de Hitler en tant que nonce, pense que l'avenir européen, et donc planétaire, du catholicisme se joue à Berlin. De fait, le prosélytisme nazi vient de toucher l'Italie et Mussolini, pour complaire au Führer, prépare à son tour des lois raciales. Ce qui, pour les partisans du *Risorgimento*, qu'ils soient ou non catholiques, signifie une rupture avec le reste de l'Europe civilisée. Plus que jamais, le Vatican est sur la brèche. Ou plutôt Ratti et Pacelli qui travaillent désormais seuls, retranchés et en secret. C'est en fin connaisseur de la langue de Goethe que le futur Pie XII rédige *Mit Brennender Sorge*, l'encyclique que signe Pie XI. Afin de mieux réfuter l'antisémitisme et dénoncer le nazisme, le document pontifical échappe, cette fois, à l'impératif du latin. En fait, il tire comme un trait d'union entre les intuitions et les expériences des deux hommes. Chacun d'entre eux reconnaît sans doute dans son titre, « Avec une inquiétude brûlante », le sentiment qui l'habite et que résume cette formule appelée à une longue postérité : « Nous sommes spirituellement sémites. »

N'y aurait-il pour autant que la participation à cette encyclique à porter au crédit de Pie XII ? Certainement pas. Des débuts de sa nonciature, à Munich, en 1918-1919, Eugenio Pacelli garde la mémoire du climat de terreur qu'a engendré la République des conseils et du chaos politique dont Hitler a émergé. Lui qui a vu l'Allemagne s'effondrer pense que la plaie demeure béante au cœur l'Europe. Un temps, il a craint que Berlin ne s'allie à Moscou et n'ouvre la voie à l'influence bolchévique. Mais, très vite, il a encore plus redouté l'arrivée au pouvoir du parti nazi dont il connaît, pour en avoir été le témoin, le substrat païen, non seulement antisémite, mais aussi antichrétien. Les assassinats de dirigeants politiques catholiques qui vont se multipliant le renforcent dans sa conviction qu'il faut faire face au nazisme. C'est là que commence chez Pacelli, qui est avant tout un diplomate, le grand dessein. Lequel ? Celui de renverser Hitler au profit d'une dictature conservatrice.

Le pape qu'il devient poursuivra le grand dessein du Secrétaire d'État qu'il a été. Grâce aux services de renseignement du Vatican, qui ne sont pas si mauvais, il entre en contact avec l'amiral Canaris et avec le cercle des futurs organisateurs de l'attentat contre Hitler. Il est donc absolument faux de portraiturer Pie XII en ami du nazisme. En revanche, son dessein procède d'une conception programmatique qui n'a que pour défaut d'être appliquée à une situation totalitaire. Afin de mettre un terme au délire de Hitler, il s'agit de saisir le moment où une série d'échecs et de revers aura amorcé la déstabilisation du régime, pour fomenter un coup d'État pacifique qui donnera les commandes aux forces antinazies du conservatisme allemand et permettra la réconciliation des grandes nations européennes. Telle est la politique de Pie XII, le projet qu'il suit et poursuit. Ce qui revient à provoquer une grande alliance entre l'Angleterre et l'Allemagne pour rétablir la paix en Europe et, subséquemment, pour opposer à Staline un barrage homogène, à la fois maritime et continental. Cette politique, toute en complexité, serait-elle aussi anticommuniste qu'antinazie ? C'est exact. Cette politique, toute machiavélienne, ne divergerait-elle pas du témoignage évangélique qu'appelait un événement transhistorique lequel réclamait en conséquence des moyens transhistoriques ? C'est également exact. Cette politique, toute hasardeuse, ne souffrirait-elle pas d'un excès de calcul ? Ce n'est pas inexact. Jeter les filets le plus loin possible pour y attraper un Canaris, un Papen ou un Weizsäcker, ce diplomate auprès du Saint-Siège dont le fils serait président de la RFA, revenait à préparer dès 1941-1942 le coup d'État qui a fini par advenir le 20 juillet 1944, soit bien plus tard et, surtout, trop tard. Ces réserves ne justifient en rien, néanmoins, que l'on fasse de Pie XI, de Pie XII, ou de Jean XXIII des instruments, quand bien même involontaires, du nazisme.

C'est là que nous retrouvons Angelo Roncalli qui fait également l'objet d'une double distorsion dans le regard contemporain, selon qu'on le dépeigne en diplomate impavide, en raison de ses relations avec von Papen, ou en rebelle diplomatique, en vertu de son engagement. Or, les éclaircissements que je viens d'apporter montrent qu'il n'y a pas d'opposition entre lui et Pie XII qui est clairement son patron. Non seulement Roncalli est, si je puis dire, parfaitement orthodoxe dans sa manière de suivre la ligne et les directives, mais encore il les précède. Le grand dessein ? Il y travaille en s'assurant de la neutralité de la Turquie, en impliquant des diplomates allemands dans ses propres menées. L'antisémitisme ? Il le dénonce dans ses sermons et lettres de guerre où il ne cesse de réaffirmer la filiation spirituelle du christianisme et du judaïsme, de rappeler que Jésus était juif et qu'il était un rabbi. Sur tous ces points, et sur d'autres, il n'a ni à détourner sa charge ni à forcer sa conviction.

Sa différence est ailleurs. Il n'est aucun homme de la diplomatie vaticane, aucun homme d'Église, aucun homme de religion qui puisse présenter un tel bilan pour ces années-là. Certes, ni le nonce à Berlin ni le nonce à Bucarest ne pouvaient vraiment agir. Certes, l'influence diffuse de Rome a mitigé l'inclination, parfois forte, à seconder la persécution nazie en Espagne, en France, ou en Italie. Certes, il y a eu partout, anonymes ou connus, des moines dans leur couvent, des curés dans leur paroisse, des évêques dans leur diocèse qui, à un moment, sont intervenus avec courage. Mais il est nul prélat de cette envergure et de cette trempe qui se soit jeté dans l'action comme lui l'a fait, consacrant chaque jour d'une guerre devenue totale dont on ne pouvait savoir ni le terme ni l'issue, au sauvetage des juifs d'Europe.

L'expérience prophétique de Angelo Roncalli tient à ce qu'il n'a pas peur de descendre dans la fournaise de l'histoire. C'est qu'il voit son action humanitaire non pas comme une fin, mais comme un moyen. Il utilise ce qui lui est donné pour la seule chose qui lui importe, qui est de combattre les forces du mal, de réussir ce premier et dernier devoir qu'il sait être le secours du pauvre, du déshérité, de l'opprimé dans lequel la Bible pressent la présence de Dieu.

L'arsenal français

C'est la France qui va doter ce prophétisme d'une théologie. Lorsqu'en 1944, Charles de Gaulle revient dans Paris libéré, il n'a de cesse de renouer les alliances mises à mal par la guerre et, à ce titre, reprend le dialogue interrompu avec l'État turc. Cela lui est d'autant plus aisé que le général est réputé turcophile depuis qu'il a servi dans l'armée du Levant et que, en tant qu'officier de renseignements à Beyrouth, il a considéré favorablement l'octroi du sandjak d'Alexandrette à Ankara. Il entretient en conséquence des liens amicaux avec l'ambassadeur de Turquie en France qui a été un proche de Mustafa Kemal. Un jour, à l'occasion de l'un de leurs rendez-vous rue Saint-Dominique, le général se montre très contrarié. L'ambassadeur s'enquiert du motif de ce désagrément. « Un certain nombre de prélats ont frayé avec Vichy de façon éhontée. Une partie de la gauche en profite pour faire de la surenchère contre l'épiscopat qui, lui, ne veut rien entendre.

Moi-même, je suis catholique, mais il me revient de les sanctionner pour l'exemple. Il me manque un relais pour que l'on comprenne à Rome qu'en agissant ainsi, je ne défends pas seulement l'intérêt de la France, mais aussi celui de l'Église », lui glisse De Gaulle. Du tac au tac, son hôte lui répond : « Le nonce que nous avons en Turquie a toujours respecté notre État et cherché à comprendre notre politique. Vous savez les préventions de Kemal à l'égard du catholicisme qu'il accusait de vouloir toujours pousser son avantage sous le prétexte d'aider les autres pour mieux user de leurs faiblesses. Jamais on n'a pris ce *Monsignore* en défaut d'une chose pareille. Vraiment c'est un homme remarquable. » « Comment dites-vous qu'il s'appelle ? », réplique le général, griffonnant le nom que lui livre l'ambassadeur : « Roncalli. Angelo Roncalli. »

La demande auprès du Vatican suit. Elle est claire. De Gaulle demande le renvoi du nonce Valeri, qui s'est compromis auprès de Pétain, quitte à accompagner son départ des honneurs militaires. Il requiert aussi, explicitement et rapidement, l'envoi de Roncalli. Ce choix étonne Pie XII, car Paris mériterait un diplomate de plus haut rang, mais Giovanni Battista Montini, le futur Paul VI, devenu le bras droit du pape, emporte la décision en faveur de son collègue dont il a apprécié l'action durant la guerre. Avec justesse, le substitut à la Secrétairerie d'État du Vatican estime que le délégué apostolique à Istanbul est proche de ce que l'Église de France, en sa part résistante, est en droit d'attendre et souhaite. Montini ayant la signature, quelques jours après, Roncalli fait ses valises et se retrouve en France. Là commence la deuxième partie de sa vie, qui sera aussi importante que la première dans la constitution de son pontificat hors norme.

« La France est le fournil où se cuit le pain intellectuel de la chrétienté. » La formule n'est pas de Jean XXIII, mais de Paul VI, quoique le premier des deux ait été celui qui en a vérifié *in vivo* l'exactitude. Je dirais même que l'Église de France est le grand champ de bataille de l'Église catholique, ce que l'on ne mesure plus car cette bataille a été remportée de longues dates, voire depuis ses débuts, par l'intelligence. C'est en France, en effet, qu'après 1789 le catholicisme a été traversé par la question de la modernité, de son acceptation ou de son refus, alternant les effusions progressistes et les replis réactionnaires sans qu'aucun des camps n'ait jamais réussi à triompher. Le mouvement de balancier a néanmoins éclaté au milieu du XIXe siècle. En 1848, le courant social issu de la monarchie de Juillet, emmené par Lamennais et Lacordaire, est tenté de bénir une république modérée dont le violent anticléricalisme du parti républicain va précisément avoir raison. À partir du coup d'État du 2 décembre 1851, l'Église catholique fait le jeu de Napoléon III, non sans avoir obtenu certaines garanties tout au long du mandat du Prince-Président. Leur coût politique sera cependant considérable. À l'extérieur, en 1849, le lâchage de la République romaine de Garibaldi puis, dans les années 1860, l'aventure des zouaves du pape ont empêché la réunification totale de l'Italie, annulant l'immense succès géopolitique de l'intervention française au profit du Piémont à Magenta et à Solferino. À l'intérieur, en 1850, le vote de la loi Falloux, marquant un retour à la liberté d'enseignement, a réarmé la protestation laïque. Après la défaite de 1870, le soutien de l'Église au comte de Chambord et à la tentative d'une troisième Restauration, finit de parfaire le tableau. En moins de trente ans, aveugle sur les conséquences de ses engagements, l'Église s'est rendue l'ennemie jurée de la République. Son activisme a soudé les deux forces antagoniques du mouvement républicain, l'aile libérale et conservatrice d'un côté, l'aile libertaire et démocratique de l'autre, qui trouvent en elle un bouc émissaire commun. « Le cléricalisme : voilà l'ennemi », dira Jules Ferry dans une formule qu'aurait pu lui envier Gambetta.

Il faudra l'élection de Léon XIII pour que Rome, soucieuse de cette impasse, encourage ce que l'on appellera le Ralliement, non sans quelque codicille inattendu comme la promotion par le cardinal Lavigerie de la colonisation au Maghreb. Un courant réformiste apparaît, qui court de l'Action populaire libérale, fondée par des aristocrates orléanistes dont Albert de Mun et Jacques Piou, au Sillon de Marc Sangnier, qui réunit des catholiques dreyfusards et finit par concurrencer l'extrême gauche anarcho-syndicaliste avec la création de la CFTC. Cette émergence ne va pas sans susciter le réveil des contre-révolutionnaires avec la fondation de l'Action française qui, sous l'impulsion de Charles Maurras, voudra réformer la conviction monarchiste avant de dériver à la droite extrême. Significativement, Rome condamne le Sillon en 1910 et l'Action française en 1929. Le pari initial de Léon XIII – ce pontife qui a compris avant les autres que l'opposition frontale à l'époque est stérile – aboutit politiquement à la formation d'une démocratie chrétienne à la française, qui connaîtra des sorts variés mais dont l'existence entérinera l'effectivité du Ralliement : l'Église reconnaît à la République sa pleine légitimité. Les résultats de ce tournant seront lisibles dans tous les domaines. À commencer par celui qui nous occupe, et qui est celui de la pensée.

L'Église de France que rencontre Angelo Roncalli est alors la seconde Église d'Europe derrière l'italienne, mais elle dispose d'un prestige spirituel et intellectuel incomparable, par rapport à celle de la Péninsule. D'où l'importance de la nonciature. Or, Roncalli va là encore réinventer la fonction. Il en solde rapidement la partie officielle, négocie intelligemment le sort des évêques vichystes et administre habilement les nominations épiscopales comme les désignations au rang de cardinal. Mais non moins vite, il commence à agacer et l'État et l'Église. De Gaulle est parti et le régime des partis de la IVe République fait la part belle au MRP, le Mouvement républicain populaire d'inspiration démocrate-chrétienne dont les dirigeants, Georges Bidault et Maurice Schumann, considèrent que le nonce doit être à leur service. Roncalli ne l'entend pas ainsi et le fait si bien savoir que Bidault, des années plus tard, se rendra à Rome pour témoigner en défaveur de la béatification de celui qui sera entre-temps devenu pape.

Ce que veut Angelo Roncalli, c'est rencontrer la France telle qu'elle est, dans la diversité de ses traditions, sans se laisser capter. Son poste fait qu'il ne tarde pas à être nommé dans la Légion d'honneur que le président de la République, Vincent Auriol, insiste à lui remettre. Il n'est un secret pour personne que ce socialiste de Haute-

Garonne, disciple de Jaurès, compagnon de Blum, est franc-maçon depuis l'anniversaire de ses vingt ans. Il sortira de cette remise de décoration une authentique complicité et même une amitié attestée. Elle sera suivie d'une autre cérémonie qui paraîtra plus surprenante, mais qui découle de l'héritage monarchique et relève de la coutume élyséenne : lorsqu'à la veille de son retour en Italie, début 1953, Roncalli sera créé cardinal, c'est Auriol qui lui remettra la barrette, insigne de sa nouvelle distinction. La laïcité à la française ne lui fait pas peur et semble l'agréer. Une entente entre les démocrates-chrétiens et les socialistes modérés a sa faveur en ce qu'elle irait dans le bon sens, celui de l'équilibre des institutions et d'un climat politique apaisé. Ce qui ne l'empêche pas, cependant, de se battre pour le maintien du financement public de l'enseignement catholique. Se remémorant sans doute la leçon turque qui lui a appris que l'aspiration à la modernité valait d'être encadrée plutôt que d'être déniée, le nonce invite ainsi la Veuve, la Gueuse et la Calotte à signer l'armistice. Cette vision ne coïncide guère avec le modèle de l'Église franquiste ou salazariste qui emporte de plus en plus la sympathie de Pie XII.

Il est vrai que le style même du nonce ne peut que conforter ses détracteurs qui se recrutent à Paris, mais aussi à Rome où l'on s'inquiète des plaintes récurrentes, non seulement sur son comportement mais aussi sur son discours qui semble contrevenir aux mandements pontificaux. Le représentant du Vatican se moque du protocole, pratique volontiers la plaisanterie, intervient sur tous les sujets. Surtout, en rupture avec la règle, il tient table ouverte dans sa résidence de l'avenue du président Wilson, se déplace en permanence, parcourt les routes, visite les diocèses, va à la rencontre du clergé qu'il soit séculier ou régulier, s'entretient avec les théologiens de tous horizons et de toutes tendances, dominicains, jésuites ou oratoriens, délivrant partout le même message, à savoir qu'il est temps de réapprendre l'Évangile, de rebâtir l'Église sans ne plus l'opposer au monde, et qu'il n'y a pas lieu de durcir l'alternative entre l'exigence morale et l'impératif de charité.

C'est bien là tout Angelo Roncalli et tout Jean XXIII. Sa bonhomie désamorce les conflits, son audace encourage les avancées. Ses pérégrinations lui permettent de connaître la France et le catholicisme français comme sa poche. C'est là qu'il trouve le laboratoire de Vatican II, ce concile sans doute impensable et irréalisable si, précisément, il n'y avait pas eu à la tête de l'Église de France, par-delà l'appareil épiscopal, un corps de doctrine porté par une masse critique de théologiens, de philosophes, d'intellectuels qui seront les hommes du renouveau et qui joueront un rôle capital, à la demande même de Jean XXIII, dans l'*aggiornamento*.

Un nom s'impose immédiatement, celui de Jacques Maritain, indissociable de celui de son épouse, Raïssa Oumansoff, immigrée juive d'origine russe. Un temps proche de Maurras avec lequel il a tôt rompu, Maritain revient des États-Unis où il a été un partisan ardent de la France libre, avec un livre-pamphlet dans sa valise, *Christianisme et démocratie*, qui donne congé aux diverses tentations autoritaires en montrant comment l'Évangile commande, en politique, un idéal de liberté. Le général de Gaulle, dont les positions coïncident avec celles de Maritain, le nomme ambassadeur au Vatican. Il est à regretter que leurs biographes respectifs se soient trop peu intéressés à cette conjonction extraordinaire qui voit Roncalli à Paris tandis que Maritain est à Rome, chacun menant d'un côté des Alpes la même politique de rénovation que l'autre. L'ambassadeur de France retient au besoin le bras de la Curie, le nonce du Saint-Siège influe sur les décisions de l'État. Les deux mouvements sont convergents dans ces années décisives que sont les trois années du véritable après-guerre, 1945-1948. Mais, au-dessus de la complicité diplomatique, prime une communion intellectuelle.

La dette doctrinale de Vatican II à l'égard de Jacques Maritain est essentielle et on ne saurait la confondre, au contraire de ce qu'il est parfois écrit, avec le caractère marginal du personnalisme et d'Emmanuel Mounier dans la construction conciliaire. Mes réserves ne découlent pas du procès en pétainisme que l'on a pu mener contre cette école de pensée. Sur cette affaire, d'ailleurs, d'autres ont pu arguer que le patriotisme d'abord vichyste, puis gaulliste, du général Dunoyer de Segonzac et de nombre de cadres de l'école d'Uriage où le docteur Lévy, le petit-fils d'Alfred Dreyfus, se lia d'amitié avec Hubert Beuve-Méry, le futur fondateur du journal *Le Monde*, peut, si ce n'est commander l'approbation, à tout le moins s'expliquer dans le contexte de 1941. Il n'est certes pas allé sans complication par la suite, comme Mounier lui-même devait l'éprouver. Mais quand bien même l'on considère que le personnalisme a *in fine* influencé nombre d'engagements dans la Résistance, il n'a en rien inspiré Vatican II et Jean XXIII, dont la pensée était déjà formée et à un tout autre creuset, celui du néothomisme dont Jacques Maritain fut un protagoniste majeur.

Le thomisme, dont Jacques Maritain restaure la dignité dans l'Église de France, avec Étienne Gilson, le père dominicain Marie-Dominique Chenu et d'autres, consiste avant tout en la revendication d'un rapport entre l'intelligence et la foi fondé sur un réalisme rationnel. En lisant conjointement la Bible et Aristote au cœur du Moyen Âge, Thomas d'Aquin identifie la raison non pas comme un obstacle mais comme un guide au regard de la Révélation divine, mais aussi de l'action humaine. Le monde, l'histoire sont réels ; la réalité est objective et objectivable. Elle n'est pas une illusion appelée à se dissoudre dans la subjectivité d'un rapport immédiat, individuel, émotionnel, et pour le coup illusoire, que le croyant instituerait avec Dieu. Ce thomisme-là, loin de constituer un retour réactionnaire à une philosophie qui, parce que médiévale, serait dépassée, se constitue en une rationalité supérieure et écarte ainsi le spectre du romantisme quiétiste, psychologisant et fusionnel dans lequel une partie de l'Église avait cru trouver son salut mais qui, sous le prétexte de restaurer la relation personnelle à Dieu, n'a fait qu'encourager le mythe et le culte de la volonté. C'est pourquoi Jean XXIII, qui avait *L'Imitation de Jésus Christ* pour livre de chevet, n'en pensait pas moins que faire abstraction de la rationalité revenait à faire abstraction du réel et aboutissait à commettre un péché capital, le péché d'orgueil. Pour lui, au contraire, le plein exercice de la raison menait à l'humilité vraie. Ce n'étaient pas les inclinations intérieures mais les faits visibles qui importaient, comme lui-même y insisterait lorsque, ayant eu à commenter son ascension inattendue mais continue vers des responsabilités toujours plus importantes, il dirait avoir répondu à un appel dont il n'était pas l'auteur.

La force des événements empreint d'ailleurs ses relations avec Maritain et Gilson qu'il fréquente, de même qu'il rencontre tous ceux qui comptent dans la vie parisienne. Avec ces deux-là, l'entente est grande toutefois et déborde les lectures communes de la grande scolastique. Quand, dans une tribune publiée par *Le Monde*, Étienne Gilson condamne l'Alliance atlantique au nom de l'indépendance de la France, ce que Raymond Aron lui reprochera toute sa vie, il ne fait guère de doute que Angelo Roncalli partage cette position. Mais ses amitiés ne sont pas qu'intellectuelles, ou ses intérêts politiques uniquement internationaux. Le catholicisme en France, à ce moment-là, est profondément engagé dans la question sociale et dans la reconquête des couches populaires. L'archevêque de Paris, le cardinal Suhard, privé du *Te Deum* à la cathédrale Notre-Dame en 1944 pour s'être malencontreusement affiché avec Pétain, a été le promoteur, dès l'avant-guerre, de ce mouvement qui va mener à la création des prêtres-ouvriers, ou plus exactement des prêtres au travail, c'est-à-dire établis en usine. C'est la réponse directe de l'institution à la question : *France, pays de mission ?*, pour reprendre le titre du livre qui est alors un succès en librairie. Le nonce suit avec attention et approuve cette contre-offensive au sein d'un univers qui est alors largement dominé par le parti communiste mais qui, à son sens, est surtout menacé par une sorte de néopaganisme. Mieux, il lui arrive de financer ces missionnaires de l'intérieur sur sa cassette personnelle. Surtout, il les protège contre la tentation qui prévaut alors à Rome, de voir en eux des agents doubles préparant la reddition du catholicisme au marxisme. À preuve que, quelques mois à peine après le départ de Roncalli de Paris, Pie XII, en 1954, condamne et interdit les prêtres-ouvriers.

Cette protection vaut aussi pour le second cercle de la pensée catholique et française d'alors, qui vient compléter le regain thomiste. Il s'agit du courant de la Nouvelle théologie selon un label mal formé car toute la nouveauté tient, dans cette affaire, à un retour aux sources de la grande tradition de l'Église primitive et indivise. Ce chantier est animé par des esprits brillantissimes, principalement dominicains, comme les pères Marie-Dominique Chenu et Yves Congar, et jésuites, comme les pères Jean Daniélou et Henri de Lubac, auxquels il faut ajouter l'oratorien Louis Bouyer. Les centres en sont le Saulchoir, à Étiolles près de Paris, et Fourvière, à Lyon, transformés en lieux de recherche et d'édition. L'impact s'étend à l'Université, grâce entre autres à la maestria philosophique d'Henri de Lubac, commentateur aiguisé du *Drame de l'humanisme athée*. Sa puissance est telle que, inversant un rapport de forces malheureusement habituel depuis le XIXᵉ siècle dans le domaine de la pensée, ce courant recrute en Allemagne et y favorise l'éclosion de talents tels que Hans Urs von Balthasar, Karl Rahner, Hans Küng et Joseph Ratzinger, le futur Benoît XVI, dont on ne doit pas oublier qu'il sera, à ce titre, un des fers de lance de Vatican II. Pour l'heure, cependant, Rome se défie de la Nouvelle théologie et n'hésite pas à mettre au pas, brutalement au besoin, ses représentants, particulièrement le noyau français qui, de surcroît, soutient le mouvement des prêtres-ouvriers, le « plus grand événement religieux depuis la Révolution française », selon la formule même du dominicain Chenu.

Le Saint-Office, en charge de la doctrine, a la main lourde en ce milieu des années 1950. Chenu, Congar, Lubac voient leurs livres mis à l'Index et leurs charges d'enseignement suspendues, quand ils ne sont pas placés en résidence quasi-surveillée. Au Vatican, Montini tente de faire œuvre de médiation, quitte à risquer les foudres de Pie XII qui, pour cette raison et pour d'autres motifs analogues, dont la proximité de son substitut avec l'aile la plus libérale de la Démocratie chrétienne italienne, lui refusera jusqu'à la fin la barrette de cardinal. À Paris, Roncalli essaie d'adoucir le sort des proscrits. Il ne peut savoir alors qu'il leur rendra justice, une fois devenu pape, en les nommant experts auprès de la commission en charge de la préparation de Vatican II, ce qui reviendra à leur en confier l'orientation programmatique. Un jeune évêque polonais, Karol Wojtyla, titulaire du siège de Cracovie, partisan fervent de Jean XXIII et participant assidu des travaux conciliaires, saura s'en souvenir lorsque, ayant à son tour accédé à la chaire de Pierre sous le nom de Jean-Paul II, il réhabilitera définitivement la Nouvelle théologie en créant cardinaux le dominicain Yves Congar et le jésuite Henri de Lubac.

C'est ce renouveau de l'évangélisation, à partir de l'intérieur, qui rend décisive l'expérience française de Angelo Roncalli. Pour autant, elle ne s'y résume pas. L'Église de France est aussi pionnière par son dialogue avec les non-catholiques, les non-chrétiens et, plus largement, les non-croyants. Elle vise ainsi la réconciliation avec tous ceux qui avaient fait de l'anticléricalisme le ciment de leur conviction antiromaine. C'est là que se rouvre, pour le nonce, la question juive. Le judaïsme français va lui apporter, là-dessus, des lumières comparables à celles du catholicisme français.

Pourquoi ? Parce que, jusque-là, Roncalli n'a pas rencontré de communauté juive aussi nombreuse, consistante et dynamique. Entendons-nous : la communauté italienne est importante, ne serait-ce que par son rôle dans la vie politique et dans la vie littéraire de la Péninsule. Il suffit de penser à Alberto Moravia, maître du roman moderne, à Carlo Levi, témoin crucial de l'antifascisme, à Primo Lévi dont l'œuvre, qui n'est pas encore bien comprise, représente un mémorial de la Shoah. Les Italiens ne s'y sont pas trompés et ont immédiatement été réfractaires à l'antisémitisme que le régime mussolinien voulait instaurer, presque sans effort, tellement ce sursaut leur était naturel. De même, la vivacité de la communauté turque moderne et son inscription dans la réalité nationale ne sont pas en cause, non plus que sa ferveur culturelle. Néanmoins, c'est en France que Roncalli, tout à son élan de solidarité envers les juifs italiens ou balkaniques, va rencontrer une pensée juive systématique, organisée, qui a d'ores et déjà su interpeller l'Église de France qui, sur ce point aussi, devance les autres Églises d'Europe. Lorsque François Mauriac écrira dans son *Bloc-notes* que le Christ a été crucifié une seconde fois sur la croix, la croix gammée en l'occurrence, lorsqu'il parrainera l'œuvre d'Élie Wiesel où retentissent les gémissements du Golgotha, et lorsque parallèlement il se fera l'avocat sans trêve du Concile, il sera clair que l'entière pensée française du moment irradie dans le pontificat de Jean XXIII.

Le Paris de 1945 dans lequel arrive Angelo Roncalli est pour l'heure celui des fantômes revenus des camps de concentration qu'abrite l'hôtel Lutetia tandis que Georges Bernanos, à rebours de son élan de repentir, accepte que l'on republie *La Grande Peur des bien-pensants*, son manifeste de jeunesse à la gloire de Drumont, et que Daniel-Rops fait paraître *Jésus en son temps*, un essai à succès où abondent les clichés judéophobes. Comme on le voit, l'antisémitisme chrétien n'a pas totalement disparu mais il est désarmé. Le mouvement de rapprochement, entamé avec l'affaire Dreyfus, va l'emporter au cours de ces années d'après-guerre. L'historien Jules Isaac, avec lequel le nonce se lie d'amitié, en sera le grand ferment.

Isaac appartient à la génération qui, influencée par Renan et proche de Péguy, a été tentée par le christianisme, avant de se lancer dans le combat contre l'« enseignement du mépris », cette déconsidération dont le christianisme entoure le judaïsme et, donc, ses propres racines. Ce faisant, Isaac reprend à son compte la tradition gallicane et janséniste soucieuse du Dieu d'Abraham et de Jacob comme l'a proclamé Pascal, des figures héroïques d'Esther et d'Athalie comme l'a illustré Racine, du Moïse hébreu comme a voulu le montrer Richard Simon, et dont l'abbé Grégoire, qui se fera l'avocat inlassable de l'émancipation des juifs, peut être vu comme un surgeon au siècle des Lumières. De surcroît, il monte son entreprise en disciple scrupuleux de Lavisse et de l'école historique française la plus classique. Le tout donne *L'Enseignement de l'estime*, une anthologie qui vaudra catharsis du passé, de ce mauvais embranchement pris avec l'affaire Dreyfus et qui ne sera comblé qu'en 1944, avec la Libération. Le coup de génie tient à la volonté positive de reconstruire que manifeste l'ouvrage. À l'instar d'un psychanalyste qui met son « moi-fort » au service du névrosé pour le guérir, Isaac, avec l'autorité savante qui est la sienne emprunte la forme du manuel scolaire pour donner une autre vision du rapport entre le judaïsme et le christianisme. Ainsi, moi-même je me souviens avec émotion d'y avoir lu, adolescent, pour la première fois, des éclairages de l'Évangile, particulièrement celui de Matthieu, dont je ne soupçonnais pas la présence, et qui me rendait enfin familier l'un des textes majeurs de l'humanité. Les études scripturaires ont certainement ajouté une érudition de plus en plus précise à ces propos, mais il faut reconnaître à ce juif français sa qualité de précurseur. Ce que fera Angelo Roncalli lorsque, ayant accédé à la tiare, un de ses premiers gestes sera de recevoir Jules Isaac au Vatican. Il ira plus loin, en répondant positivement à la demande de l'auteur de *Jésus et Israël* que soit abrogée l'exhortation du vendredi saint *Oremus et pro perfidis Judaeis.* Contre la Curie, contre le cardinal Alfredo Ottavianni, secrétaire du Saint-Office puis pro-préfet de la Congrégation pour la doctrine de la foi, qui argue que *perfidis* ne signifie pas « perfide », mais « relaps », le pape balaie d'un revers de main ces explications apologétiques et, abolissant la formule, réinscrit l'intégrité d'Israël au sein de la liturgie de l'Église.

Avec Jean XXIII, la relation avec le judaïsme ne participe plus de la muséographie folklorique ou du secours charitable, mais est élevée au rang d'un vrai dialogue. Un dialogue qui doit être poursuivi dans l'intérêt du judaïsme pour le rapprocher de Jésus, même s'il ne le dira jamais ainsi, mais on ne saurait lui reprocher cette pensée somme toute naturelle. Un dialogue qui doit être poursuivi dans l'intérêt du christianisme pour le rapprocher également de Jésus, du juif et du rabbin Jésus afin que l'Église sache de qui elle provient et, donc, d'où elle vient. Deux millénaires après leur séparation, juifs et chrétiens sont de la sorte invités à reprendre la relation interrompue. Le dialogue œcuménique vaut pour les autres Églises chrétiennes et est une quête de la communion. Le dialogue interreligieux vaut pour les religions autres que chrétiennes et est une recherche de l'entente. Avec le judaïsme, Jean XXIII instaure un dialogue du troisième type qui, s'il fallait le qualifier, devrait être défini comme familier et familial.

Les harmonies majeures de l'*aggiornamento* sont bien toutes sur le ton français en tant qu'elles coïncident avec le tréfonds de Angelo Roncalli et qu'elles viennent confirmer ses expériences antérieures, de même qu'elles anticipent son action ultérieure. De Gaulle l'a sans doute deviné. De retour au pouvoir en 1958, l'année du décès de Pie XII, le général fait de l'ancien nonce à Paris, devenu le patriarche de Venise, son candidat. L'ambassade près le Saint-Siège, les anciens ambassadeurs tels que Wladimir d'Ormesson, les cardinaux français tels qu'Eugène Tisserant, leurs alliés au sein de la Curie et des électeurs du Conclave sont mobilisés à cette fin. Des années plus tard, en 1959, lors de sa visite officielle à Rome, le premier président de la Vᵉ République aura ainsi l'occasion de s'agenouiller devant le plus français des papes depuis Jean XXII, au XIIIᵉ siècle, et de lui déclarer : « Nous déposons, au nom de la France, nos respects à vos pieds. »

Sur le Front

La nomination au siège patriarcal de Venise sera la dernière étape de la formation de Angelo Roncalli, l'ultime étage ajouté à la fusée Jean XXIII. Le nonce est enlevé à la France en 1953, ce qui lui évite d'avoir à acter la condamnation par Rome des prêtres-ouvriers. Il rentre dans une Italie en pleine effervescence politique et économique où il va enfin pouvoir accomplir, à 72 ans, la vocation pastorale qui a décidé de sa vie et qui n'a cessé d'être retardée depuis son entrée au séminaire en 1893 ! Les voies du Très-haut ne sont pas qu'impénétrables, souvent elles sont aussi paradoxales.

Venise est alors à son apogée. Loin des cartes postales de la place Saint-Marc, l'ancienne république maritime a laissé la place à une mégalopole de plus de deux millions d'habitants en s'adjoignant les nouveaux faubourgs de Mestre et de Marghera. Elle est devenue un complexe industriel où pullulent les barons du textile, du design, du high-tech ainsi qu'une plate-forme pétrolière de la première importance. Mais les usines et les raffineries représentent aussi un enjeu crucial pour l'Église. Le bras de fer avec le communisme y est à son comble. Mais là comme ailleurs dans la Péninsule, c'est aussi en leur sein que vont se développer les racines du gauchisme qui, à la suite du socialiste Raniero Panzieri, suscitera les mouvements radicaux de la fin de la décennie 1960 tels que Potere Operaio, où le philosophe Toni Negri fera ses premières armes. Suivront les « années de plomb » marquées par le terrorisme des Brigades rouges, mais aussi de groupuscules néofascistes, dont Avanguardia Nazionale, avec pour point d'orgue l'assassinat, en 1978, d'Aldo Moro, figure de proue de la Démocratie chrétienne et intime de Paul VI. De cette spirale mortifère, le nouveau patriarche et cardinal a certainement le pressentiment puisqu'il fait des quartiers ouvriers le pivot de son action.

Dans cet univers néopaïen, coupé de ses racines chrétiennes, pris entre le matérialisme consumériste et le nihilisme idéologique, Roncalli veut redonner un sens à l'espérance. Son programme est simple, quoiqu'il soit précisément celui combattu par la Curie, et plus encore par l'entourage proche de Pie XII : il faut dépasser l'affrontement avec le communisme en le débordant par une authentique politique sociale, elle-même fondée sur la dénonciation du capitalisme dans ce qu'il a d'arbitraire. Roncalli sait ce qu'il fait : ce que l'on nomme alors le « miracle économique » relativise les oppositions théoriques et appelle le « compromis historique » entre les forces démocratiques de droite et de gauche dont il a déjà eu l'intuition en France. En d'autres termes, à un temps de mutations, il faut des solutions évolutives.

Certes, le patriarche-cardinal ne manque pas de relayer les adresses de Pie XII au monde moderne qui prennent de plus en plus le tour d'anathèmes, mais dont il a toutes les raisons de penser qu'elles signalent d'abord l'usure d'une vieillesse tourmentée. Certes, à peine devenu pape, il éteint les velléités qu'a Amintore Fanfani, le président du Conseil, d'accueillir les socialistes au gouvernement en le convoquant au Vatican d'un sonore *Cosa fai figlio mio*, « Qu'est-ce que tu fabriques, mon fils ? », mais dont il a estimé qu'elles relèvent plus de la *combinazione* que de la haute politique. L'essentiel n'est pas là, mais dans l'action permanente de celui que les Vénitiens ont surnommé le « gondolier » tant il sillonne son diocèse, se saisissant de manière imprévisible et impromptue de tous les problèmes qu'il peut rencontrer, quel que soit leur degré de gravité manifeste ou d'apparente cocasserie. Selon la formule évangélique qu'il affectionne, plus que jamais il ne se veut qu'un de ces « pêcheurs d'âmes » que le Christ se choisit. Son élection au trône pétrinien va faire de lui le premier d'entre eux.

Au moment où Pie XII disparaît, après un long règne de dix-neuf années, le climat qui pèse sur le Vatican fait irrésistiblement penser à celui qui avait étreint le Kremlin à la mort de Staline : le poids des contraintes et des rigidités accumulées autour du vieux chef malade, concentrant néanmoins tous les pouvoirs, s'efface peu à peu alors que se lève une brise, bientôt un vent de changement. On espère, on attend un nouveau mode de gouvernement. Or, le conclave ne va compter que cinquante et un électeurs, sans grande figure nouvelle car le défunt pontife a procédé à peu de créations de cardinaux. Parmi eux ne figure aucun successeur désigné, ni même un favori. L'ombre de Montini, le grand absent qui n'accédera au cardinalat qu'une fois Jean XXIII élu, plane sur les débats. La fonction d'*outsider* est dévolue au catholicos arménien Agagianian qui ferait un excellent pape tourné vers l'Est : le scénario donnera le film *Les Souliers de saint Pierre* avec Anthony Quinn dans le rôle principal, avant de devenir réalité vingt ans plus tard, en 1979, avec l'élection de Karol Wojtyla. Quant à Angelo Roncalli, sa biographie est distribuée avec une trentaine d'autres à la presse, comme il est de coutume pour les patriarches de Venise.

Le seul vrai phénomène observable est celui de l'agitation du camp conservateur qui, manœuvré par le cardinal Ernesto Ruffini, l'archevêque de Palerme, se rassemble autour du cardinal Ottaviani avant de se rabattre sur l'archevêque de Gênes, le cardinal Giuseppe Siri. Une fois de plus, Gênes va s'opposer à Venise. L'enjeu n'est plus la maîtrise des routes maritimes, toutefois, mais l'avenir de l'Église catholique. La fronde de la réaction est vive pour empêcher l'élection d'un pape de progrès. Elle va échouer. Certes, en portant ses voix sur un homme qui a alors 77 ans, les cardinaux ont bonne raison de penser qu'il s'agira d'un pontificat de transition. S'ils ne savent quel pape ils ont élu, ils n'ignorent pas cependant qui est celui qu'ils ont choisi. La personnalité de Roncalli est connue, notoire même. À travers lui, le Sacré Collège a opté pour une véritable feuille de route, celle que lui commandent les masses de fidèles qui veulent un renouveau.

Les Églises européennes, qui ont une représentation écrasante, ont tranché. En avant-garde, prête à jouer un rôle fondamental dans le futur concile, se tient évidemment l'Église de France, encouragée par De Gaulle, et qui dispose dans la personne du cardinal Tisserant du doyen du Sacré Collège mais aussi d'un homme d'influence et d'un vétéran de toutes les grandes batailles vaticanes. Les Églises d'Allemagne et d'Autriche, fortes du travail accompli sur la période nazie, et proche théologiquement de la France, sont emmenées par le cardinal König, l'archevêque de Vienne, considéré comme une conscience morale de l'après-guerre et partisan résolu de l'œcuménisme. L'Église de Belgique et l'Église des Pays-Bas ont pour capitaine le cardinal Suenens, théologien réputé issu de la prestigieuse Louvain. Quant à l'Église d'Italie, elle se scinde, les libéraux se plaçant sous la houlette du cardinal Lercaro, l'archevêque de Bologne, le « Monseigneur des pauvres » qui a transformé sa résidence épiscopale en logement social. Enfin l'Église espagnole elle-même, lasse du franquisme, se prend à rêver d'une papauté rénovée.

Une convergence supranationale en faveur de l'ouverture s'opère et que le diplomate Roncalli sait fédérer au point qu'elle trouve en lui son candidat naturel. Son élection est peut-être un acte prophétique, sûrement le produit d'une accumulation de forces trop longtemps retenues de s'exprimer et qui ont fini par le faire. En revanche, le pontificat qui va suivre, pour le coup tout de prophétisme, ne tiendra qu'à lui. À peine est-il élu, que la rupture est là, dans le nom qu'il s'est choisi sans prédécesseur immédiat, dans sa prompte visite au diocèse de Rome, dans le billet de retour pour Venise qu'il lui faut jeter. Tout aussi vite, ce monde qui change, dont les nouveaux dirigeants se nomment De Gaulle, Khrouchtchev, Kennedy, mais auquel curieusement son éternelle jeunesse l'a préparé puisqu'il semble n'avoir pas pris une ride en dépit de son parcours considérable, il va s'en saisir, l'interpeller, l'arpenter et au besoin l'arbitrer.

Il manifeste en effet cette autorité de pleine liberté, l'*exousia* dont parle l'Évangile, non pas parce qu'il l'a conquise mais parce que, à force de s'abandonner à tout ce qui lui advenait, elle lui a été donnée comme par surcroît. Élu le 28 octobre 1958, cinq jours ne sont pas écoulés lorsque, le 2 novembre, il confie à son secrétaire l'annonce qu'il va faire aux cardinaux moins de trois mois plus tard, le 25 janvier 1959 : il a décidé de convoquer le concile. Le 11 octobre 1962, s'ouvrent les travaux conciliaires. Décédé le 13 juin 1963, Jean XXIII n'en verra pas la clôture, le 8 décembre 1965. Commentant Vatican II devant Monseigneur Marty, l'archevêque de Paris, Charles de Gaulle, décidément le contemporain capital de Angelo Roncalli, s'exclamera : « C'est l'événement le plus important du siècle, car on ne change pas la prière d'un milliard d'hommes sans toucher à l'équilibre du monde. »

LA SAINTETÉ DE LA THÉOLOGIE

Un héritage inachevé

Lorsque tomba la nouvelle de la mort de Jean XXIII, j'avais treize ans et j'avais pu suivre, dans les journaux, le récit de ses derniers combats, notamment sa préoccupation de la crise des missiles de Cuba, où s'était profilé le spectre d'une nouvelle guerre mondiale, atomique cette fois, et où il avait joué le rôle d'intermédiaire entre Washington et Moscou. Puis la presse avait fait état, à mots couverts, de sa maladie. Elle devait aller s'aggravant alors que le Concile continuait à se dérouler au bénéfice d'avancées toujours plus spectaculaires. L'essentiel de sa vie était fait. Il ne lui restait qu'à transmettre le témoin à son successeur avec l'idée du devoir accompli. Lorsque je revis ma grand-mère qui elle-même ne tarderait pas à disparaître, sa tristesse était profonde et, évoquant la mémoire de Angelo Roncalli, elle me dit : « Vois-tu, Alexandre, il n'est pas de dicton plus stupide au monde que celui selon lequel nul ne serait irremplaçable. »

Maria Bauer n'avait pas tort. Jean XXIII parti, les cardinaux élurent pour lui succéder son compatriote milanais et compagnon des mauvais jours sous Pie XII, Giovanni Battista Montini, soit le plus ouvert des conservateurs. Paul VI devait mener le Concile à son terme, ce qu'il fit adroitement avec son talent curial. En 1964, il rencontra à Jérusalem le patriarche Athénagoras, confirmant ainsi l'engagement irrévocable de Rome dans l'œcuménisme. En 1965, il promulgua dès son adoption *Nostra aetate*, la déclaration appelée à refondre définitivement les relations entre Rome et les autres religions. Convaincu de la justesse des intuitions de Jean XXIII, dévoué à la personne de Jean XXIII à la fin de sa vie, mais disciple maugréant de cet aîné qui, dans la carrière, avait longtemps été son cadet, cet aristocrate à la psychologie de premier de la classe à qui tout réussit mais qui ne s'estime pas pour autant, resta, ainsi qu'il devait lui-même en convenir, un homme déchiré au point d'envisager à plusieurs reprises de renoncer. Entre acuité intellectuelle et absence de charisme, Paul VI ne sut jamais trancher entre les deux Églises, celle de l'ordre et celle de la grâce, et chaque fois qu'il tenta d'échapper à ce dilemme, il en revint immanquablement à la nécessité de maintenir l'Église universelle comme structure disposant d'une hiérarchie et agissant dans le monde comme une puissance régulière et reconnue. Toujours plus enlisé dans l'hésitation, son pontificat s'acheva dans l'immobilisme.

Si Jean-Paul II, comme je m'en suis expliqué, rata le grand rendez-vous que lui donnait l'histoire avec l'orthodoxie, il poursuivit et intensifia le dialogue avec le judaïsme. Son enfance polonaise l'y inclinait, son sens de l'histoire aussi. L'entrée en lice des rabbins libéraux américains qui entretiennent avec l'épiscopat catholique aux États-Unis une relation de confiance permanente fut également un précieux adjuvant. Mais Jean-Paul II ne fit, si je puis dire, qu'amplifier par des gestes symboliques au retentissement spectaculaire ce que Jean XXIII avait anticipé. La visite à la synagogue de Rome ? Sans doute ne se rappelle-t-on pas que, dans un de ces états d'émotion qui participaient de son caractère étonnant, Jean XXIII avait fait arrêter sa voiture devant la synagogue de Rome où avait lieu une cérémonie religieuse et en était descendu pour aller bénir les fidèles. Un jeune homme présent à cette scène devait cependant en garder précieusement la mémoire. Il s'agissait d'Elio Toaff, le Grand Rabbin qui reçut Jean-Paul II lors de la cérémonie, officielle cette fois, de 1986. Israël ? Jean XXIII avait pareillement esquissé ce rapprochement. La situation de guerre frontale qui dominait alors au Proche-Orient et que ne tempérera seulement l'initiative de Sadate quinze ans après sa mort, ne lui permettait pas d'envisager la reconnaissance de l'État hébreu sans exposer cruellement les Églises du monde arabe. Cela ne l'avait pas empêché d'envoyer divers signaux favorables, y compris à Ben Gourion. Que Jean-Paul II ait pu franchir par la suite une tout autre étape doit être replacé dans le contexte de l'affrontement avec un empire soviétique qui était déjà amoindri. Il était persuadé qu'Israël avait toute sa place dans la grande coalition qui finit par abattre le Moloch communiste. C'était là la grandeur et la limite de son talent que de ramener les questions à sa propre vision stratégique et surtout géopolitique.

Que l'on me comprenne bien : l'abandon du Carmel d'Auschwitz, les voyages à Jérusalem, le billet de vœu déposé dans une anfractuosité du Mur des Lamentations, tous ces signes non seulement comptent énormément, mais encore soulignent l'irréversibilité du nouveau départ donné par Vatican II. Il est incontestable que le sentiment de Jean-Paul II à l'égard du judaïsme était empreint de bienveillance et d'honnêteté et que sa volonté de réconciliation était sans arrière-pensée et sans retour. Pour autant, Jean-Paul II fut un grand pape géopoliticien alors que Jean XXIII, bien que nullement indifférent aux affaires du monde, fut d'abord un pape éthicien, ou plus précisément théologien.

Cette dimension théologique a précisément été la marque du pontificat de Benoît XVI qui, contrairement à ses prédécesseurs immédiats, éprouvait un goût réel pour le dialogue intellectuel et un véritable intérêt pour la pensée juive. Il voyait dans le judaïsme une force positive avec laquelle il fallait s'entendre tandis qu'il avait une image dégradée de l'islam, en raison notamment de l'islam politique. L'appareil diplomatique du Vatican qui, à ses yeux, confondait volontiers rapports privilégiés et rapports exclusifs dès qu'il s'agissait du monde arabe, ne l'aida guère à surmonter ce hiatus. On tâcha alors d'en faire un adepte du « choc des civilisations ». À tort. Le discours de Ratisbonne, mal reçu plutôt que mal fondé, ne saurait obérer la conférence magistrale des Bernardins sur le rôle de l'exégèse dans les faits de civilisation.

De ce point de vue, et sans que cela ait dépendu de l'inévitable remords allemand au regard de la Shoah, le professeur Joseph Ratzinger fut le premier pape à réhabiliter pleinement la philosophie juive. Peut-être y pensait-il lorsqu'il donna à une encyclique de Jean-Paul II, qui devait beaucoup à sa plume, un titre kabbaliste ou presque : *Splendor veritatis*, « La Splendeur de la vérité », et *Sefer Ha Zohar*, « Le Livre de la splendeur » ne sont pas sans s'appeler l'une l'autre. La charité et la justice ne vont pas sans la vérité, insistait déjà Jean XXIII. Cette certitude hante également la pensée hébraïque qui, en sa part la meilleure, émancipée de la philosophie allemande, entretient une parenté avec le néothomisme et la Nouvelle théologie dont Benoît XVI fut le dernier représentant éminent.

Ce même souci de la théologie, qu'accompagnait chez lui celui de la liturgie tant la *lex credendi* et la *lex orandi*, le dogme et la prière, lui apparaissaient imbriqués, le rapprochait également de l'orthodoxie dont il sut regagner l'estime. Dans le domaine œcuménique, en effet, l'effervescence slave de Wojtyła et l'impavidité germanique de Ratzinger firent plus que contraster. Jean-Paul II, qui se méfiait des orthodoxes et redoutait le retour de Moscou, accepta au contraire de contresigner un document avec l'Église luthérienne qui entérinait la « justification par la foi », autant dire qui canonisait la Réforme, sans doute parce que, vu de sa Pologne natale, et à choisir, on avait toujours mieux vécu à la frontière avec l'Allemagne qu'à celle avec la Russie. À rebours, Benoît XVI, catholique minoritaire au sein d'une Allemagne à majorité réformée, se défiait des protestants au point qu'il en vint à les choquer durablement lorsque, encore préfet de la Congrégation pour la doctrine de la foi, il rétrograda les Églises issues de la

Réforme au rang de vagues « communautés ecclésiales ». De telles crispations relèvent peut-être de l'histoire de l'homme, sûrement pas de sa pensée. Encore souvent incomprise, elle reste, aurait dit Aristote, un acquis pour la suite des temps.

La renonciation de Benoît XVI, l'acte le plus intellectuel du plus intellectuel des pontificats, a créé une situation analogue à celle de 1958. Mais de nombreux autres aspects de la biographie de Jean XXIII font irrésistiblement penser au pape François, à moins que le cardinal Bergoglio n'ait pensé lui-même à mettre ses pas dans ceux du cardinal Roncalli après en avoir médité l'exemple. Lui-même n'a-t-il pas déclaré être à la fois « très naïf et très rusé » ? Il est trop tôt pour mesurer le sens de l'ère qui s'ouvre, mais l'on en sait le style. Les similitudes entre les deux hommes sont grandes, à commencer par cet anticonformisme qui les place sous le signe du Christ tel que le dépeignent les évangélistes, lui-même anticonformiste afin de rendre un témoignage vivant de la fraternité transcendante de tous les hommes au regard du Dieu unique. Chez François, pour l'heure, domine l'agir et l'urgence de l'agir que manifeste sa passion, aussi jésuite que franciscaine mais aussi latino-américaine, pour la justice, laquelle passe par la lourde réforme qu'il a eu le courage d'entreprendre de la structure romaine.

Sur le dialogue œcuménique et sur le dialogue avec le judaïsme, il poursuivra certainement la rénovation entamée, avec fidélité voire avec flamme. Nous verrons cependant si le temps, et l'inspiration, lui seront donnés de mener une aventure aussi singulière que celle de Jean XXIII et qui fut d'engager une révolution théologique.

Kadosh

L'apport théologique fondamental de Jean XXIII est la raison profonde pour laquelle les conservateurs ont toujours essayé d'atténuer la portée dramatique de son message en insistant plutôt sur la modestie de son approche, la bonhomie de son tempérament, la rondeur de ses vertus. Certes, nombre de gestes étaient naturels au « bon pape Jean » : faire tablée au Vatican, visiter les paroisses les plus pauvres du *Mezzogiorno*, embrasser les humbles dans la rue, communier avec les criminels en prison, déclarer à l'issue d'une audience accordée aux dirigeants de l'Action catholique : « Oh, je vois qu'il se fait tard ! Inutile de prolonger cette rencontre indûment. Vous avez tous envie de rentrer à la maison. Allez, embrassez vos enfants et communiquez-leur ainsi la bénédiction du pape. » Ce jour-là tous les Italiens se sentirent soulevés par cette expression si pure et si désintéressée de l'amour le plus ordinaire mais le plus profond, de cette douceur des mœurs que l'imprégnation chrétienne a produite dans la Péninsule. Mais le rayonnement de Jean XXIII était aussi fort ailleurs. Cela, c'est la sainteté de l'homme, avérée, indiscutable. Mais il m'importe ici d'évoquer la sainteté de sa théologie.

À la différence de ceux qui font de la théologie pour faire de la politique, Jean XXIII a mené diverses politiques pour aboutir à une seule et même théologie. Tout ce qui ne relevait pas d'elle représentait pour lui une démarche seconde. Afin de réaffirmer la position de l'Église au sein du monde, il n'a pas hésité à engager une réécriture de son histoire. Dans cette capacité à revenir sur ses pas, à se réviser, à se réinventer pour ensuite rebondir à la recherche d'une vérité plus haute, il a vu l'unique fidélité qui puisse compter pour l'Église si elle désire être conforme à son fondateur. C'est ce souci métaphysique permanent qui l'a habité et qui explique tout le reste.

La théologie de Jean XXIII est ainsi irrémédiablement marquée par l'idée que l'histoire est un processus sans sujet. Qu'est-ce à dire ? Évoquant sa destinée personnelle dans le *Journal de l'âme* qu'il tient depuis son adolescence, il insiste sur cet aspect des choses : ce n'est pas l'homme qui choisit, c'est Dieu qui se manifeste. L'acte de foi n'est pas un acte de volition mais un acte d'abandon. *Non nobis Domine non nobis sed Nomini Tuo da gloriam*,

« Non pas à nous Seigneur, non pas à nous, Mais à Ton Nom seul, donne la gloire » : le célèbre *Cantique des degrés*, tiré du psautier, est en permanence au cœur de sa réflexion. Selon un paradoxe qui n'est qu'apparent, une telle séparation entre le mérite personnel et l'immanence objective conduit Jean XXIII précisément à réhabiliter le monde, ce monde peut-être déchu mais sûrement réel, ce monde qui a un être, une légitimité, ce monde qui ultimement nous rapproche de Dieu. Certes, il ne s'agit pas de faire du pape de Vatican II un pélagien : il est une réalité autre, à la fois dans et par-delà la réalité, ajouterait sans doute Jean XXIII, que seul le Christ, la communion au Christ et dans le Christ peuvent nous permettre d'atteindre. C'est là le mystère de la foi qui a pour secret actif l'humilité. Car, conclurait-il non moins certainement, l'humilité, à tout le moins sa quête, doit se traduire pour chaque chrétien, et partant pour chaque homme de bonne volonté, par le refus de toute annexion de ce qui n'est pas lui. L'autre n'est jamais le simple reflet d'une pensée en acte. Il ne peut être réduit à aucune représentation, ni celle qu'on lui donne, ni celle qu'il se donne. Le judaïsme n'est pas une ébauche imparfaite et caduque du christianisme, l'orthodoxie n'est pas un reliquat embryonnaire et suranné du catholicisme. Le pauvre n'est pas un échantillon de démonstration au service de la bonne conscience du riche. Les aspérités du dialogue font le prix du dialogue. Hormis les visions et contemplations singulières, la reconnaissance de l'autre est la forme la plus élevée de communion avec le divin : tel est bien, à mon sens, le point extrême où aboutit la théologie de Jean XXIII qui s'assimile à un hyperréalisme mystique.

La force de cette théologie est, j'y reviens, d'avoir trouvé son stratège dans le théologien lui-même qui la produisait. Le climat de libéralisation de l'Église était, certes, consubstantiel à la période et découlait d'un mouvement polyphonique. Jean XXIII y a introduit une démarche progressive, distribuée en étapes afin d'éviter que l'Église n'implose. L'apparition instantanée et la disparition à terme du schisme lefebvriste montrent qu'il a eu raison. Parmi ces étapes, deux étaient essentielles parce que à haut-risques. Il y a d'abord eu l'œcuménisme, élément central dans sa pensée, mais aussi levier apte à délégitimer le pouvoir de la Curie et des dicastères, de même que le dogmatisme des institutions pour rapprocher la vie de l'Église de la vie des fidèles et plus largement des croyants. Le mouvement n'est pas achevé, il rencontre aujourd'hui la résistance de l'appareil et le réveil des identitarismes, mais il est inexorable parce que Jean XXIII l'a gradué dans le temps avec une certaine justesse. Il y a eu ensuite la réhabilitation du judaïsme qui, depuis, se heurte à deux blocs du refus, outre bien entendu l'intégrisme, celui du catholicisme ultra-conservateur, de droite si l'on veut, qui cherche à minimiser l'événement en le réduisant à une posture de courtoisie, mais aussi celui du catholicisme ultra-progressiste, clairement de gauche pour le coup et théoriquement plus structuré. Je n'entends pas ici instruire le procès de l'ensemble des théologies de la libération d'Amérique latine qui sont diverses en projet et en qualité même si, pour la plupart, le reproche d'avoir voulu marxiser l'évangile est avéré. Je vise nommément Leonardo Boff et ses disciples qui opposent volontiers un judaïsme censément replié sur lui-même, inapte à transformer la société, constituant une fraternité fermée d'élus, à un messianisme révolutionnaire qui se donnerait pour but de changer les masses plutôt que les individus et d'obtenir la conversion des peuples à coup de recettes économiques tirées du XIXe siècle. Sans surprise, Boff s'est montré à plusieurs reprises antisémite. Entre ces deux extrêmes, il faut encore noter, malheureusement, une nouvelle vulgate de l'indifférence à l'égard de la question juive qu'a accélérée la mise en évidence de la question palestinienne, laquelle pourtant est d'ordre politique et non pas théologique.

La réalité est que, dans ces deux domaines, l'œuvre extraordinaire de Jean XXIII demeure inaccomplie. Ses intuitions, telles que traduites par Vatican II, ont mis l'Église sur l'orbite d'un destin moins nouveau que renouvelé, puisqu'il s'agissait de renouer avec les origines. Ce mouvement de retour est loin d'être achevé. À preuve que l'essentiel de l'héritage de Jean XXIII n'est pas repris, hormis des *membra disjecta* que revendiquent d'ailleurs des groupes souvent contradictoires. Cette part essentielle est, répétons-le, le lien génétique qui existe entre le dialogue œcuménique et le dialogue avec le judaïsme. C'est quand les frères se haïssent qu'ils se cherchent un bouc émissaire. Et, inversement, c'est quand la querelle des frères est apaisée qu'ils se retournent les uns, les autres, et tous ensemble vers la religion du Père, le judaïsme.

Que l'œcuménisme, sans condition autre que la vérité du dialogue, conduise naturellement à s'interroger sur le judaïsme, que le judaïsme trouve dans le témoignage œcuménique l'assurance d'un dialogue authentique, n'induit en rien un manque de respect ou d'intérêt envers les autres religions. Il y va d'une relation interne, celle de la Torah et de l'Évangile. C'est ce qu'avaient compris les grands kabbalistes du XVIe siècle qui inventèrent le mot pour décrire la chose : assimilant les chrétiens aux enfants d'Édom dans la descendance d'Abraham, ils invoquaient leur « réintégration », ce *tikkoun* que j'ai déjà évoqué et qui signifie également « restauration » en hébreu. Or, dit Moïse Cordovero qui vit quatre générations après l'expulsion d'Espagne, en un temps où les indices n'en sont pourtant guère évidents, cette réintégration a commencé de s'opérer. Pour lui comme pour les autres kabbalistes, dont Isaac Louria, l'entrée dans la modernité fait que le christianisme est en quête de ses racines juives et que le judaïsme des Lumières doit répondre à cette attente en acceptant que le dialogue dépasse le simple accommodement. Ce que le Maharal de Prague, le mythique inventeur du Golem et le premier savant kabbaliste de son époque, verra également, à la suite de son entrevue avec l'empereur Rodolphe, comme le début d'une ère nouvelle.

Il n'est pas nécessaire que Jean XXIII ait connu ces textes ou même ait été informé de cette tradition juive. Il en a eu le pressentiment de la même façon qu'il a pressenti que l'œcuménisme ne peut se limiter à une construction onusienne des confessions chrétiennes, mais consiste dans leur retour commun à l'Église primitive afin qu'elles trouvent, en marchant côte à côte, les moyens de parler du Christ, et plus encore au Christ, d'une seule voix. La Bible est l'espace partagé de ces deux dialogues qui ne se confondent pas mais s'articulent et, surtout, ne sauraient exister l'un sans l'autre. La Bible hébraïque fait de ses fidèles les annonciateurs du Messie, l'Oint de Dieu. L'Évangile fait de ses fidèles des vicaires de la révélation du Christ, l'Oint de Dieu. Entre les deux existe une continuité dynamique que l'on ne peut ni rompre ni interrompre. L'attente du Messie sur terre et l'attente du retour du Messie sur terre ne sont pas des attitudes antagoniques. Les deux commandent d'inscrire la Parole de l'Éternel dans le temps.

Un demi-siècle a passé depuis l'élection de Jean XXIII que les catholiques pourront désormais prier comme saint Jean XXIII. Le mot hébreu *Kadosh* que l'on traduit habituellement par « sainteté » renvoie à la capacité qu'à l'homme de s'unifier au-dedans de lui et d'unifier le monde autour de lui, afin de pouvoir s'adresser à Dieu en toute intégrité. C'est sans doute ainsi que Maria Bauer aurait compris l'honneur ultime que l'Église vient de reconnaître à son vieil ami, le délégué apostolique à Istanbul. Sans doute en aurait-elle souri lorsqu'elle aurait appris la nouvelle à Chaïm Barlas qui, sans doute, aurait pesté que le Vatican se soit montré plus rapide à canoniser son interlocuteur des nuits d'angoisse que Yad Vashem à le proclamer « Juste parmi les Nations ». Et que leur aurait rétorqué Angelo Roncalli ? Ces conditionnels ne disent pas tout de la vérité. Cette conversation a certainement lieu, entre eux, dans un monde à la fois autre et même que le nôtre. Ils nous invitent à la partager. Il y est question du silence qui tue une seconde fois l'enfant, la femme, l'homme que l'on assassine, de l'histoire qui reste ouverte et du long chemin qui reste à parcourir pour que l'humanité redevienne une seule famille.

Table des matières

LA CHRONIQUE FAMILIALE

LES LEÇONS DE LA VIE

LA SAINTETÉ DE LA THÉOLOGIE

Composition : Le vent se lève...
16210 Rioux-Martin

Impression : Présence Graphique
37260 Monts

N° d'éditeur : 15983
N° d'imprimeur : 031447891
Achevé d'imprimer : mars 2014
Dépôt légal : avril 2014